Verwandlungsverbote und Befreiungsversuche in Canettis Masse und Macht

John Pattillo-Hess (Hg.)

Verwandlungsverbote und Befreiungsversuche in Canettis Masse und Macht

Canetti-Symposion

Löcker Verlag

MIT FÖRDERUNG DER ABTEILUNG FÜR KULTUR DER STADT WIEN, MA 7
UND DES BUNDESMINISTERIUMS FÜR UNTERRICHT UND KUNST

Die Beiträge dieses Buches wurden als Referate auf dem 3. Internationalen kulturanthropologisch-philosophischen Canetti-Symposion gehalten, das – mit Unterstützung der Stadt Wien und des Bundesministeriums für Unterricht, Kunst und Sport – im Volksbildungshaus Wiener Urania in der Zeit vom 3. bis 6. Mai 1990 stattfand. Diese Tagung wurde von der Wiener Urania in Zusammenarbeit mit dem Kunstverein Wien veranstaltet.

Vertrieb: Löcker Verlag
Satz: PCG, Wien
Druck: REMA*print,* Wien
ISBN 3-85409-186-9

Inhaltsverzeichnis

Vorwort

Ein deutscher Student schrieb mir, daß er mit großem Interesse meine Versuche verfolge, das Werk Elias Canettis verstärkt in die „wissenschaftliche Diskussion“ zu bringen. Wenn dies das Ergebnis meiner Tätigkeit als Leiter des Canetti-Symposions und Herausgeber der Beiträge wäre, so hätte ich das Entgegengesetzte meiner ursprünglichen Absicht erreicht. Es sollte nämlich eine Art freier Raum der Auseinandersetzung geschaffen werden, in dem Referenten und Teilnehmer, dem Zwang des wissenschaftlichen Anspruchs der Akademien und Universitäten enthoben, sich mit „Masse und Macht“, mit seinem Überraschung und Bestürzung auslösenden Inhalt – der übrigens nicht zu trennen ist von Canettis methodologischem Verfahren – unvoreingenommen konfrontieren sollten.

Als ich mich ernsthaft mit den Gedanken Canettis auseinanderzusetzen begann (Ende der 70er Jahre), gab es eine Unmenge an Sekundärliteratur über sein Werk, doch wurde er darin fast ausschließlich als Dichter betrachtet, der er ja mit Sicherheit auch ist. Der Denker, Kulturanthropologe und Philosoph Canetti wurde kaum berücksichtigt. Man betrachtete und achtete den Dichter, und dabei wurde und wird immer getrennt, was bei Canetti untrennbar ist: Dichten und Denken. Er bejaht und verneint nicht innerhalb eines Systems, sondern augenblicklich, in für sich selbst gültigen einzelnen Berichten.

Obzwar „Masse und Macht“ einen Höhepunkt im gegenwärtigen geistigen Schaffen, die größte Herausforderung der derzeitigen Philosophie darstellt, wurde das Werk von der „abendländischen Intellektualität“ kaum wahrgenommen. (Vor dem Hintergrund der Ratlosigkeit der Human- und Sozialwissenschaften gegenüber Ereignissen im ehemaligen Ostblock und im Golfkrieg beginnen nun einige Intellektuelle, „Masse und Macht“ noch einmal zu bedenken.) Die meisten Rezensionen waren entweder ideologische Kritiken, die für Canettis Werk irrelevante Schemata benützten, oder sie erschöpften sich in der bloßen Ablehnung seines methodologischen Verfahrens. Um diesem Mißstand einigermaßen entgegenzutreten, veranstalten wir das jährliche Symposion, veröffentlichen die Beiträge der Referenten. Wir behaupten, daß Canettis Werk ein offenes ist, andere Stimmen sollen dazukommen. Eine ständige Auseinandersetzung mit Canettis Gedanken erscheint uns dringend erforderlich. Canetti selbst sagt – und man muß mit ihm einverstanden sein –, daß wir nicht ahnen, wieviel Zeit uns geblieben ist, und daß von diesen Erkenntnissen – oder von neuen, die wir noch nicht haben – unser aller Schicksal abhängen könnte. Ob wir es mit unserem Symposion geschafft haben, uns der Fülle seiner Gedanken und der Mannigfaltigkeit seiner Ideen anzunähern, vermag ich nicht zu beantworten.Dies möge der Leser beurteilen.

Für die geistige und materielle Unterstützung des Symposions und der Publikation bedanken wir uns bei:

Frau Dr. Ursula Pasterk, amtsführende Stadträtin für Kultur
Frau Dr. Hilde Hawlicek, Minister a. D.

Herrn Dr. Rudolf Scholten, Bundesminister für Unterricht und Kunst
Herrn Dr. Wilhelm Petrasch, Direktor der Wiener Urania
Frau Dr. Christine Pelousek, Geschäftsführerin des Kunstvereins Wien
Herrn Prof. Rudolf Pritz, sowie bei allen Mitarbeitern der Wiener Urania und des Kunstvereins.

John Pattillo-Hess
Frühjahr 1991

„Masse und Macht“ und die Erklärung totalitärer Gesellschaften

Iring Fetscher

Die Thematik von „Masse und Macht“ hat mich vor allem wegen ihres potentiellen Erklärungswertes für das Verständnis des „Dritten Reiches“ interessiert. Sie schien einen Beitrag zur Erklärung des Phänomens leisten zu können, das so vielen Beobachtern im In- und Ausland rätselhaft schien: die Verwandlung einer Bevölkerung von durchaus gebildeten und aufgeklärten Personen in eine blind ihrem „Führer“ folgende „Masse“. Einer anderen Generation und einem anderen Bevölkerungsteil angehörend als Elias Canetti habe ich auch andere „Schlüsselerlebnisse“, die – vor und neben der Lektüre einschlägiger wissenschaftlicher Schriften – mein „Bild“ der „Masse“ wie der „Meute“ bestimmt haben dürften. Canetti lesend fühlte ich mich dazu aufgefordert, vergleichbare Erlebnisse in meinem Leben aufzuspüren, wie seine Erfahrung mit dem 15. Juli 1927 – der Wiener Massendemonstration gegen ein reaktionäres Urteil –, die neunzig Tote unter den Demonstranten kostete. Wenn ich richtig verstanden habe, erlebte Canetti sich damals selbst als einen Teil der Masse und entwickelte zumindest einige Charakteristika der Masse auf Grund einer Reflexion über sein eigenes seelisches Befinden. Vermutlich kamen dann eine Reihe weiterer Erfahrungen hinzu – sowohl eigene als auch berichtete –, vielleicht die mit der begeisterten Menge auf dem Heldenplatz im März 1938, die Hitler als dem „Befreier“ zujubelte, und gewiß andere, weniger politisch relevante Massen: festliche, fliegende, hetzende und so fort. Trotz des großen Angebots an Massen und Meuten habe ich Mühe, ähnliche eigene Erfahrungen in Erinnerung zu bringen, die mein „Bild der Masse“ wie der „Meute“ bestimmt haben könnten. Die drei, auf die ich schließlich gestoßen bin, sind vermutlich im Sinne Canettis gar keine „richtigen“ Massen gewesen, auch wenn sie von anderen Theoretikern als solche akzeptiert werden würden.

Die erste Erfahrung mit einer großen Volksmenge, an die ich mich erinnern kann, geht auf das Jahr 1933 oder 34 zurück. Ich war aus irgendeinem Grunde in der Innenstadt von Dresden und sah, daß eine große Menge von Menschen zum Platz vor dem Hotel Bellevue zog, in dem – wie man hörte – Adolf Hitler abgestiegen war. Aus Neugier folgte ich dem Menschenstrom. Vor dem Hotel war zunächst nichts zu sehen. Ein Uniformierter – vermutlich ein SA-Mann – nahm mich kleinen Jungen auf die Schulter, damit ich „den Führer“ – wie er mir sagte – auch sehen könne. Aus der Menge erscholl der rhythmische Ruf: „Lieber Führer, sei so nett, zeig Dich mal am Fensterbrett.“ Schließlich ging die Flügeltür auf einem Balkon auf und Hitler trat hervor, grüßte und lächelte dankbar für den Jubel, der ihm entgegentönte. Hatte ich das Gefühl der „Masse“? Die von Canetti beschriebene Erleichterung, keine Berührungsangst mehr zu empfinden? Ich kann mich nicht daran erinnern. Vielleicht war es so. Vielleicht wäre ich ohne dieses „Massengefühl“ von der Berührung durch den uniformierten Erwachsenen eher unangenehm berührt gewesen? Vermutlich war ich aber zu jung, um solche Empfindungen schon begreifen zu können. Jedenfalls berichtete ich, heimgekehrt, ziemlich aufgeregt, daß ich den Mann gesehen hätte, von dem alle Welt sprach. Mein Vater war davon wenig erbaut, hatte er doch eben erst durch die Naziregierung seinen Lehrstuhl an der technischen Hochschule verloren. Jedenfalls gelang es mir nicht, ihm Bewunderung für meine „Leistung" abzunötigen. Er schimpfte, wenn ich mich nicht täusche, lediglich über mein spätes Heimkommen, das meiner Mutter Sorgen gemacht habe.

Zehn Jahre später habe ich Hitler noch einmal „erlebt". Auch diesmal inmitten einer großen Anzahl von Menschen. Es war im Berliner Sportpalast und wir jungen Leutnants aller Wehrmachtsteile waren zur Feier unserer Ernennung eingeladen, eine Rede „des Führers" zu hören. Die Menge der Soldaten war gewiß keine Masse, dafür war sie viel zu diszipliniert, zu sehr von hierarchischen Strukturen bestimmt, im übrigen – es war im Jahr nach Stalingrad – keineswegs begeistert von den Feldherrnkünsten Hitlers. Zu unserer Überraschung war außerdem befohlen worden, daß wir zum Dienstanzug das Koppel ohne die üblichen Revolver oder Pistolen tragen sollten. Kaum einer von uns war sich über den Grund dieser „Vorsichtsmaßnahme" im unklaren. Zwar wurde Hitler vermutlich – ich erinnere mich nicht genau – mit dem obligaten Jubel begrüßt, wahrscheinlich mit einem „dreifachen Sieg-Heil" oder so, aber von einem „Aufgehen in der Masse" war nichts zu spüren. Auch Canetti würde in diesem Fall nicht von „Masse" gesprochen haben. Massen waren mir, so scheint es im Rückblick, nur aus den Berichten im Radio bekannt, die aus den Kommentaren von Goebbels oder seiner Mitarbeiter und dem Geräusch von Jubel-Sprechchören: „Führer befiehl, wir folgen dir" lebendige Gestalt annahmen. Solche Massen-Veranstaltungen mußten wir auch in der Aula unserer Schule mitanhören. Ich kann mich nicht daran erinnern,daß der Funke übergesprungen wäre. Vermutlich waren wir dafür zu distanziert-kritisch. Aus meinen pubertären Aufzeichnungen entnehme ich, daß meine private Weltanschauung damals ein Gemisch von individualistischer Arroganz und „Massenverachtung" war, das sich – ohne es zu wissen – aus einer mißverstandenen Nietzschelektüre und einem indirekten Einfluß der elitären Naziideologie speiste. In einem meiner Gedichte heißt es: „O lasset die Massen, sie wollen nur prassen und schwelgen im Leichten und Allzuseichten." In der irrigen Meinung, durch eine Offizierskarriere der „Masse" entgehen zu können, meldete ich mich zum Heer.

Während des Rußlandfeldzuges habe ich zumindest einmal etwas so Ähnliches wie eine „Hetzmeute" erlebt. Es war zu Beginn des Krieges in der Westukraine. Frisch von der Waffenschule kommend und vertraut mit den Regeln der Haager Landkriegsordnung nahm ich an, daß Plündern ein todeswürdiges Verbrechen sei. Da ich etwas russisch spreche, konnte ich die lebhaften Klagen eines Russen verstehen, der mich aufforderte, Soldaten, die in der Nähe unseres Rastplatzes dabei waren, ein Warenlager zu plündern, an ihrem Tun zu hindern. Als ich in das Warenlager kam, sah ich zu meiner Beruhigung einen bayrischen Offizier, der mit der Pistole in der Hand herumlief. Ich ging zu ihm und bat ihn, mir bei der Verhinderung dieser offenbar ungesetzlichen Plünderung zu helfen. „San's verrückt", erwiderte er, „mei Leut san am Plündern, machen's, daß sie wegkommen", und bedrohte mich mit seiner Waffe. Die Masse der Soldaten aber stopften sich Taschen und Beutel mit Kinderschuhen, Strümpfen und sonstigen Waren voll, die samt und sonders nicht als „unmittelbarer Bedarf der Truppe" gelten konnten. Nur für diesen Fall, so hatte man uns eingeschärft, seien Requisitionen zulässig. Im Rausch des Plünderns zerfällt vermutlich die

Masse, weil ja jeder sich selbst maximal bereichern möchte und im Nachbarn einen lästigen Konkurrenten erblickt. Angehörige anderer Truppenteile aber werden – „gemeinsam“ – abgewehrt. Sie sind der „äußere Feind“, der den Zerfall der Masse wieder aufhält. Was mir aber vor allem in die Augen sprang, war die völlig fehlende Bereitschaft, die Stimme der Vernunft oder auch nur der Rechtsordnung – hier des Kriegsrechts – zu vernehmen. Erst später wurde mir klar, daß die Haager Landkriegsordnung im Osten generell nicht mehr respektiert wurde.

War das nun eine Masse? Ich empfand sie damals als solche wegen des Rausches, in dem sich die Menschen befanden, und wegen ihrer Unfähigkeit, die Stimme der Vernunft oder des Gewissens zu hören. Sie waren von ihren gebremsten Trieben befreit und konnten sie „frei ausleben“. Gewiß haben sie dabei eine Befreiung anderer Art erlebt als die von der Berührungsangst. Mir und Soldaten meiner Einheit gegenüber konnte aus der Masse leicht eine Hetzmeute werden. Ich zog mich deshalb resigniert zurück.

Wenn ich – im Unterschied zu Canetti – die Masse immer schon als fragwürdig empfunden habe, so dürfte das an diesen Erfahrungen liegen. Hinzu kommt ein sehr frühes Erlebnis mit einem Menschen, der wie die Personen im Massenrausch die Selbstbeherrschung verloren hatte, weil er total betrunken war. Es muß etwa 1930 gewesen sein, als ich – auf dem Heimweg von der Schule – an einem Wirtshaus vorbeikam, aus dem torkelnd, wild um sich schlagend und brüllend ein Mann herauskam, der mir Angst machte. Vermutlich seit diesem Tag habe ich tiefe Abscheu vor Menschen, die keine „Kontrolle“ mehr über sich haben. Der Rausch, der doch auch heitere, entspannende, schöne Züge haben kann, war mir nur unheimlich und bedrohlich erschienen. Menschen, die in der Masse ihre Selbstbeherrschung verlieren, waren mir daher ebenso unheimlich und bedrohlich wie total Betrunkene.

Daß dieses Gefühl der Bedrohlichkeit und Fragwürdigkeit nicht von der politischen Orientierung der Masse – ihrer spezifischen Gerichtetheit – abhängig ist, habe ich 1946 anläßlich der Reaktion einer Masse auf die Rede von Kurt Schumacher empfunden. Kurt Schumacher, der die Nazizeit im KZ überlebt hatte und ein demokratisches und sozial gerechtes neues Deutschland aufbauen wollte, mußte mir – seinen Zielen nach – eher sympathisch sein. Aber seine rhetorischen Formulierungen, die eine Menge von Zuhörern in eine jubelnde und entschlossene „Masse“ verwandelten, waren mir unheimlich. Überschwang, selbst für eine gute Sache, Verzicht auf kritische Distanz, schienen und scheinen mir bis heute „gefährlich“, zumindest „ambivalent“ zu sein.

Ich glaube, es war richtig, durch diese biographische Selbstreflexion kenntlich zu machen, mit welchen Urteilen oder Vorurteilen ich an die Lektüre von „Masse und Macht“ herangegangen bin. Ich mußte mir Mühe geben, um dem zugleich engagierten und unpolemischen Gang der „Besichtigung“ von Massen und Meuten, zu dem uns der Autor einlädt, zu folgen. Ich habe eine Menge gelernt und fand vor allem den wiederholten Rückgriff auf frühe Kulturen und sogar auf die Tierwelt aufhellend. Und doch blieb und bleibt eine unüberwindliche Distanz. So sehr ich mich auch bemühe, ich kann mich nicht zu Canettis Haltung überwinden.

Was ich im Folgenden sage, kommt daher notwendig aus einer gewissen Distanz. Es scheint mir ehrlicher und nützlicher zu sein, wenn diese Distanz benannt, als wenn sie unterschlagen würde. Wenn ich die Differenz theoretisch zu erklären suche, dann gelange ich zu der These, daß ich – im Geiste der Aufklärung und Moderne – allzusehr an der unhintergehbaren Errungenschaft der Autonomie des Individuums und seiner Vernunft mich orientiere und alle „Abweichungen“ als „Rückfall“ deute, während Canetti – in dieser Hinsicht liberaler – ein Nebeneinander von individueller Autonomie und mythischer, ja animalischer Gebundenheit an die Gruppe (Masse, Horde, Meute) konstatiert. Während ich – mit Freud – das Aufgehen in der Masse als „Regression“ empfinde, ist Canetti hier vorsichtiger und beschreibt, ohne verurteilen oder aburteilen zu wollen. Massen müssen für ihn nicht „negativ besetzt“ sein, auch wenn sie es oft sind, auch wenn er durch die Erfahrungen eher negativ empfundener Massen zur langen Beschäftigung mit dem Phänomen gelangt ist. Am ehesten könnte man seine Haltung mit der von Ernst Bloch vergleichen. Bloch warf in „Erbschaft dieser Zeit“ der Linken vor, daß sie das Gebiet des Emotionalen, ans Gemüt Appellierenden der Rechten kampflos überlassen habe, während doch die Seele bewegende Symbole (und Mythen) zum Menschsein notwendig hinzugehörten. Ich gebe also zu, daß meine – aus eigener Erfahrung „konditionierte“ – Haltung einseitig und vielleicht daher unzulänglich ist.

Mich interessiert am Phänomen der Masse seine Bedeutung für die Entstehung und den Sieg totalitärer Bewegungen. Mir scheint, daß sich dieser Prozeß entscheidend von den Massen in vormodernen Gesellschaften unterscheidet, auch wenn es – im Endeffekt – dann wieder Ähnlichkeiten gibt. Diese These kann man am besten damit erläutern, indem man auf die Tatsache achtet, daß es in modernen Gesellschaften immer wieder Individuen gibt, die sich dem Sog der Masse, auch wenn sie sich mitten unter ihr befinden, entziehen können. Es gibt für sie die Möglichkeit, sich der Suggestion durch das Massenerlebnis zu entziehen, mitten unter den Vielen doch „Einzelne“ zu bleiben. Etwas Derartiges dürfte es unter Naturvölkern nicht gegeben haben. Damit verändert die Masse auch ihre „Richtung“. So kann es z. B. für die Masse in einem Naturvolk kaum die Zerstörungswut gegenüber dem Haus als einem Schutz der Individualitätssphäre geben, weil es eine solche Funktion des Einzelhauses bei ihnen nicht gibt. Diese Aggressivität läßt sich aber relativ leicht erklären, wenn man die Anwesenheit von „Massen-Unabhängigen“ unter der modernen Masse als Auslöser von Aggression interpretiert, einer Aggression, die mit einem verdrängten schlechten Gewissen zu tun haben könnte.

Was Canetti am Beispiel der „Zähmung der Massen in den Weltreligionen“ erläutert, kann ganz ähnlich für die Nazibewegung beschrieben werden. Auch sie war – nach ihrem Sieg in Deutschland – darum bemüht, aus der sich unbegrenzt vermehrenden Masse eine „folgsame Herde“ zu machen. Spaltungen wurden ebenso bekämpft und durch Verfolgungen beseitigt, wie zuvor die Ausdehnung gefördert worden war. Die rituellen Wiederholungen auf den Reichsparteitagen und Gedenkveranstaltungen hielten die Beteiligten – wie das Canetti für die Weltreligionen in der Phase ihrer institutionellen Verfestigung konstatiert hat – in einem „gemilderten Massenzustand“ fest. „Das Gefühl der Einheit wird ihnen *dosiert* versetzt.“ Einer geschickt strukturierten Hierarchie gelingt es, den Ausbruch in eine erneute „offene Masse“ zu verhindern.

Die Entstehung von Massen in einer modernen Gesellschaft stellt aber Probleme, die mit Hilfe der Freudschen Theorie und der Erich Fromms eher gelöst (oder geklärt) werden können als mit der verständnisvollen Deskription von Massenphänomenen, die Canetti gibt. Darüber hinaus kann die Soziologie – oder sagen wir besser sozialwissenschaftliches

Denken – einen Beitrag leisten. In vormodernen Gesellschaften gibt es nicht nur das Massenphänomen – etwa bei plötzlich auftauchenden Marienvisionen und Massenwallfahrten im Mittelalter –, sondern vor allem die durch festen, lokalen Zusammenhalt, strukturelle Gliederung und treu bewahrte Überlieferung charakterisierte Gemeinde. Menschen, die in solchen dörflichen oder städtischen Gemeinden aufwachsen und leben, lassen sich nur unter spezifischen äußeren Anlässen in „Massen" verwandeln, mögen das nun Epidemien oder Katastrophen anderer Art sein, Kriege oder die Auflösung der überkommenen „Ordnung". Sie verwandeln sich dann zunächst in orientierungsbedürftige, hilflose, vereinzelte Atome, die – unter geeigneten äußeren Bedingungen – zu Massen werden können. Diese äußeren Anstöße kann man mit Canetti „Massenkristalle" nennen; sie brauchen nicht immer charismatische Führerpersönlichkeiten zu sein, obgleich deren Auftauchen beinahe regelmäßig erfolgt.

Während der seltenere Zerfall traditioneller Formen der Gemeinschaft in anomische Atome die Entstehung von „Massen" ermöglicht, sind derartige Gemeinwesen, solange sie intakt sind, vor der Verwandlung in Massen gefeit. Auf einer höheren Entwicklungsstufe – so hoffte die bürgerliche Aufklärung – würden auch freie, unabhängige Individuen vor dem Prozeß des Aufgehens in der Masse geschützt sein. Die soziale Grundlage für diese Autonomie der Persönlichkeit war – zunächst jedenfalls – die wirtschaftliche Unabhängigkeit des Bürgers, der mit eigenen Werkzeugen, mit eigenen Betriebsmitteln für den anonymen Markt produziert und sich selbst sein „Schicksal" verdankt. Diese ökonomische Unabhängigkeit war – für Kant – sowohl die Grundlage für den Anspruch auf politische Mitgestaltung des Gemeinwesens als auch uneingeschränkt für die sittliche und intellektuelle Autonomie. Diese sozialen Voraussetzungen für individuelle Autonomie waren niemals für die Gesamtheit der Menschen einer modernen Gesellschaft gegeben. Sie gingen auch im Zuge der Industrialisierung und der Konzentration der Eigentumsverhältnisse für einen großen Teil der Bürger wieder verloren. Diese Entwicklungen sind es, die zu einer rascheren und leichteren Bildung von Massen – vor allem dann, wenn auch religiöse Bindungen und andere Traditionen an Einfluß verlieren – den Weg freimachen.

Die Auflösung traditioneller Stabilisierungsfaktoren hat sich vor allem gegen Ende des vergangenen Jahrhunderts auf die Angehörigen der unteren Mittelschichten und die Angestellten ausgewirkt. Bis zu einem gewissen Grad hat sie aber auch die Gesamtheit der lohnabhängigen Bevölkerung erfaßt. „Massen" im modernen Sinn – so meine These – gibt es erst seit dieser Zeit. Das „bürgerliche Publikum", das im Theater oder im Konzertsaal oder auch bei einer politischen Versammlung zusammenkommt, ist nicht schon „Masse". Es besteht – jedenfalls normalerweise – aus miteinander zusehenden und zuschauenden Individuen und aus miteinander diskutierenden, im Prinzip wenigstens rational argumentierenden Personen. Schillers Vorstellung des Theaters als „moralische Anstalt" setzte die aktive Auseinandersetzung des Publikums mit der Thematik der Schauspiele voraus. Um aus einer Ansammlung von Personen eine „Masse" zu machen, sind offenbar bei diesen Personen bestimmte Voraussetzungen notwendig, die Bereitschaft, das eigene selbständige Denken, die selbstverantwortliche Person zugunsten eines Aufgehens in der Masse aufzugeben. Ein Motiv dafür sieht Freud – in seiner Schrift *„Das Unbehagen in der Kultur"* – in der gewachsenen Triebunterdrückung, die das Leben in der Zivilisation den Menschen auferlegt. Dabei unterscheidet er bekanntlich vom Eros einen Destruktionstrieb (die Destrudo), dessen Realität Canetti leugnet. Das friedliche Zusammenleben der Menschen in immer größeren und heterogeneren Gemeinschaften fordert von jedem Einzelnen in wachsendem Maß Verzicht auf das Ausagieren dieses Triebes, während er zugleich – im Interesse der Disziplinierung seines Körpers zum Zwecke der planmäßigen Arbeit – seinem Eros gleichfalls Schranken setzen und ihn – in der Regel – auf die eheliche heterosexuelle Beziehung begrenzen muß. Aus diesem Grunde – so die These Freuds – kann die bereits geschwächte Kraft des Eros dem Destruktionstrieb kein ausreichendes Gegengewicht mehr entgegensetzen. Die kulturell vermittelte Verhinderung des Ausagierens des Destruktionstriebs wird daher als erhebliche Frustration erfahren. Dieses „Schicksal" trifft aber die Angehörigen unterschiedlicher sozialer Schichten in ungleicher Härte. Man kann annehmen, daß Angehörige der Oberschicht durch die Ausübung von Herrschaft über Sachen und Personen sich in geringerem Maße Beschränkungen auferlegen müssen als Unterschichtpersonen. Am empfindlichsten sind aber – so Erich Fromms Diagnose – die Angehörigen der unteren Mittelschichten betroffen, die mit dem Bürgertum traditionell eine relativ strenge Sexualmoral verbindet (die inzwischen vom Großbürgertum längst nicht mehr praktiziert wird) und die daher unter einer doppelten Versagung leiden. Für die Industriearbeiter gilt das – einmal wegen einer laxeren Sexualmoral und zum anderen wegen einer weniger rigiden Untersagung von punktueller Aggressivität – vielleicht in geringerem Maße. Auch kompensierte bis zu einem gewissen Grade – beim organisierten Arbeiter – das Wissen um die Stärke seiner Organisationen das individuelle Ohnmacht- und Isoliertheitsgefühl. Massenbildungen unter Arbeitern fanden daher gewissermaßen vor dem Hintergrund einer konsistenten Organisation mit rationalen Zielen statt und konnten nur in unglücklichen Fällen – wenn die Organisation versagte – zu chaotischen Masseneruptionen führen.

Was Sigmund Freud als Entlastung der Individuen durch deren Aufgehen in der Masse beschreibt und *Regression* nennt, kann man mit der Canettischen „Auflösung des Stachels" in „Masse und Macht" vergleichen. In beiden Fällen führt einmal der Befehl (bei Canetti), das andere Mal der Zwang, den das kulturelle Milieu ausübt, zur Unterdrückung von individuellen Strebungen oder Trieben und wird als „Stachel" verinnerlicht bzw. verdrängt. In beiden Fällen ermöglicht das Aufgehen in der Masse ein Abschütteln jener Triebunterdrückung oder der „Stacheln". In beiden Fällen wird die Situation „umgekehrt". Die Menschen, die selbst unter „Befehlen" und Triebbeschränkungen gelitten haben, die ihnen andere auferlegten, werden jetzt – in der Masse – selbst zu „Herrschern" und „Unterdrükkern", wobei sich ihre Destruktivität bevorzugt an Schwachen und Wehrlosen und Vereinzelten ausläßt. Allein kann sich das Individuum nicht aus seiner Lage befreien, aber „es gibt eine Befreiung von allen Stacheln, auch den monströsesten – diese Befreiung ist in der Masse(…) Die Umkehrungsmasse bildet sich aus vielen zur gemeinsamen Befreiung von Befehlsstacheln, denen sie als einzelne hoffnungslos ausgeliefert sind. Eine große Zahl von Menschen schließt sich zusammen und wendet sich gegen eine Gruppe von anderen, in denen sie die Urheber aller Befehle sehen, an welchen sie seit langem getragen haben."[1]

Dabei ist für die so erzielte Erleichterung nicht einmal der Sieg im „Aufstand" notwendig, auch nach einer Niederlage bleibt „die Erinnerung" an die Zeit, in der sie Masse waren. Während dieses Zustandes wenigstens waren sie von Stacheln frei, und sie werden immer mit Sehnsucht seiner gedenken."[2] Wendet man diese Beschreibung auf die Massen an, deren sich die Naziführung bedient hat und von denen sie getragen wurde, dann galten ihnen „die Juden" als Urheber „aller Befehle", denen sie ausgesetzt waren. Die Befehle aber bestanden in den Regeln der Geldwirtschaft, die dem Kleinbürger als unerforschlich, rätselhaft, geheimnisvoll erschienen, sodaß die Zurückführung eines Ereignisses wie der Inflation oder der Weltwirtschaftskrise auf die listigen Machenschaften einer mächtigen, jüdischen Weltverschwörung zugleich vom Nachdenken über Gesetzmäßigkeiten des Wirtschaftslebens und von Selbstvorwürfen entlastete. Daß ein „Sieg" in diesem barbarischen Kampf gegen wehrlose Minderheiten keineswegs zur dauerhaften „Befreiung" der Massen führen konnte, spielt – das macht auch Canetti deutlich – für die tiefe Befriedigung, die das Aufgehen in der Masse während deren Existenz zur Folge hat, offenbar keine Rolle.

Canetti liefert aber in diesem Zusammenhang ein weiteres Argument, das die „Benützung" der Judenfeindschaft und ihre „Verwendbarkeit" zum Zwecke der Massenbildung durch die Nazis plausibel macht. Ich denke an seine Beschreibung der seelischen Auswirkung der Inflation. Er vergleicht zunächst das Phänomen der „Geld-Vermehrung" mit dem grenzenlosen Wachstumstrend von Massen und stellt eine weitgehende Ähnlichkeit der Phänomene fest. Für die Menschen, vor allem diejenigen, die über Ersparnisse in Geldform verfügen, bedeutet die sich beschleunigende Geldentwertung eine schreckliche *Erniedrigung:* „Nicht nur gerät durch die Inflation alles äußerlich ins Schwanken, nichts ist sicher, nichts bleibt eine Stunde am selben Fleck – durch die Inflation wird er selber, der Mann, *geringer.* Er selbst oder was er immer war, ist nichts, die Million, die er sich immer gewünscht hat, ist nichts. Jeder hat sie. Aber jeder ist nichts."[3]

Die Beschreibung ist zutreffend und suggestiv. Sie läßt allerdings eines außer acht: die Tatsache, daß es bei einer Inflation nicht nur Verlierer, sondern auch Gewinner gibt. Alle Besitzer von Sachwerten, vor allem von Immobilien, die mit Hypotheken belastet waren, wurden durch die Geldentwertung reicher und standen am Ende weit besser da. Die Massen, die sich nach der Million vergeblich sehnten, als das noch viel Geld war, vergaßen, daß die wirklichen Millionäre nur einen kleinen Teil ihres Vermögens in Geld hielten, einen weit größeren in Sachwerten. Es ist daher auch nicht ganz richtig, wenn Canetti fortfährt, daß „jeder Schatz verschwindet." Gold z. B., das die braven Kleinbürger während des Krieges „im Interesse ihres Vaterlands" gegen Eisen eingetauscht hatten, behielt seinen Wert (oder wurde vielmehr von Tag zu Tag wertvoller). Durch die Inflation kam – so wieder Canetti – eine doppelte Entwertung zustande: „Der *einzelne* fühlt sich entwertet, weil die Einheit, auf die er sich verließ, die er sich selber gleichachtete, ins Abgleiten geraten ist. Die *Masse* fühlt sich entwertet, weil die *Million* entwertet ist."[4] Es trifft zwar zu, wie Canetti feststellt, daß *Lohnempfänger wie Rentner* – und er meint zweifellos damit auch die Bezieher hoher Renteneinkommen – in gleicher Weise von der Inflation betroffen sind, aber er vergißt, wie gesagt, die Sachwertbesitzer. Für die Kleinbürger aber gilt vor allem, daß sie „diese schmerzliche Entwertung ihrer Person" nicht so rasch vergessen werden. „Man trägt sie ein Leben lang mit sich herum, es sei denn, man kann sie auf einen anderen werfen. Aber auch die Masse als solche vergißt ihre Entwertung nicht. Die natürliche Tendenz ist dann, etwas zu finden, das noch weniger gilt als man selbst, das man so verachten kann, wie man selbst verachtet wurde."[5] Hier würde ich hinzufügen: und wie man sich insgeheim selbst wegen seines Schicksals und seiner manifesten Armut und Schwäche verachten muß. Was daher der einzelne wie die Masse offenbar brauchen, „ist ein dynamischer Vorgang der *Erniedrigung:* Es muß etwas so behandelt werden, daß es weniger und weniger gilt, wie die Geldeinheit während der Inflation, und dieser Prozeß muß sich fortsetzen, bis das Objekt in einem Zustand kompletter Wertlosigkeit angelangt ist."[6]

Canetti sieht hier einen direkten Zusammenhang zwischen der von den Nazis offerierten Judenfeindschaft bis hin zum Holocaust und der Inflationserfahrung. Indem die Juden als Objekt der aggressiven Entwertung „angeboten" werden, finden die von der Inflation in ihrer Erniedrigung Betroffenen eine erleichternde Kompensation. Für diese Rolle schienen die Juden besonders gut geeignet, da sie ohnehin seit alters mit dem Geld in Verbindung gebracht wurden, wobei meist vergessen wurde, daß die christliche Umwelt ihnen jahrhundertelang fast alle anderen Formen der Erwerbstätigkeit versperrte. Fragwürdig wie das sich unversehens entwertende Geld der Inflationszeit erschien vielen auch die Existenz der jüdischen Minderheit. Ein ehemaliger Frankfurter Doktorand, Moishe Postone, hat die Identifikation der Juden mit der *Zirkulationssphäre* als Fokus für die Diffamierung durch die antisemitischen Kleinbürger im Detail untersucht und – was Canetti gleichsam durch eine bildhafte Assoziation in Beziehung bringt – auch theoretisch miteinander verknüpft. Der Haß auf die Abstraktion, die durch moderne Geld- und Kreditwirtschaft den Beziehungen der Menschen notwendig auferlegt wird, drückt sich – unter großen Bevölkerungsteilen – in Gestalt der Judenfeindschaft wie auch in der der Intellektuellenfeindschaft aus. Die systematische Herabsetzung, Verfolgung und massenhafte Vernichtung der Juden nicht nur in Deutschland, sondern auch in den von der Wehrmacht besetzten Gebieten, kam einem Bedürfnis nach Entwertung und Vernichtung des „Andersartigen", schwer Verständlichen entgegen und sollte zu einer Wiederaufwertung des erniedrigten Selbstbewußtseins der Masse führen. „In der Behandlung der Juden " – so Canetti – „hat der Nationalsozialismus den Prozeß der Inflation auf das genaueste wiederholt."[7]

Canetti stellt hier – anschaulicher und symbolhafter – einen Zusammenhang her, der auch anderen Analytikern des modernen Antisemitismus aufgefallen ist. Er erklärt aber nicht den ganzen Umfang und alle Motivationen, die in den Antisemitismus eingegangen sind. Max Horkheimer hat – im Anschluß an Überlegungen der Psychoanalyse – darauf hingewiesen, daß im Haß auf die Juden – wie in dem älteren auf Angehörige des Adels – auch ein erhebliches Moment des Sozialneides enthalten ist. Die „Andersartigen" unter einer im übrigen „relativ homogenen" Bevölkerung: die Juden unter Christen, die Neger unter Weißen, die Italiener unter Nordländern – sie werden wegen ihrer „befremdlichen" Andersartigkeit zugleich abgewertet und beneidet. Oft wird ihnen eine *Genußfähigkeit* unterstellt, die man selbst nicht besitzt, weil man sich unter das Diktat eines sexualrepressiven und asketischen Über-Ich gebeugt hat. Im Haß auf den nordamerikanischen Neger klagt der puritanische Weiße seine eigene sexuelle Frustration ein. Nichts scheint dabei Menschen mit sexuellen Verklemmungen mehr zu empören als die Vorstellung sexueller Genußfähigkeit bei Angehörigen einer Minderheit, die durch ihre Sitten und Gebräuche, ihre Kultur, ihr Aussehen sich von der Mehrheit abheben. Der führende Nazi-Antisemit Streicher benützte diesen Zusammenhang regelmäßig zur Agitation in seiner Zeitung „Der Stürmer".

In „Das Unbehagen in der Kultur" schreibt Freud: „Wenn die Kultur nicht allein der Sexualität, sondern auch der Aggressionsneigung des Menschen so große Opfer auferlegt, so verstehen wir besser, daß es dem Menschen schwer wird, sich in ihr beglückt zu finden.Der Urmensch hatte es in der Tat darin besser, da er keine Triebeinschränkungen kannte. Zum Ausgleich war seine Sicherheit, solches Glück lange zu genießen, eine sehr geringe. Der Kulturmensch hat für ein Stück Glücksmöglichkeit ein Stück Sicherheit eingetauscht. Wir wollen aber nicht vergessen, daß in der Urfamilie nur das Oberhaupt sich solcher Triebfreiheit erfreute, die anderen lebten in sklavischer Unterdrückung. Der Gegensatz zwischen einer die Vorteile der Kultur genießenden Minderheit und einer dieser Vorteile beraubten Mehrzahl war also in jener Urzeit der Kultur aufs Äußerste getrieben."[8] Freud hätte hinzufügen können, daß dieser Gegensatz auch in der modernen Zivilisation nicht verschwunden ist und daß – namentlich in Notzeiten wie während der Wirtschaftskrise und während der Inflation – die große Mehrheit von den meisten kompensativen Errungenschaften ausgeschlossen ist, die moderne Zivilisationen für jene Entbehrungen der Kultur bereithalten.

Zu den Entlastungen, die dem einzelnen durch das Aufgehen in der Masse zuteil werden, zählt Freud die Entlastung von der Strenge der Selbstvorwürfe, die vom Über-Ich, dem Kultur-Gewissen ausgehen. „Das Kultur-Über-Ich hat seine Ideale ausgebildet und erhebt seine Forderungen. Unter den letzteren werden die, welche die Beziehungen der Menschen zueinander betreffen, als Ethik zusammengefaßt. Zu allen Zeiten wurde auf diese Ethik der größte Wert gelegt, als ob man gerade von ihr besonders wichtige Leistungen erwartete.(...) Die Ethik... ist ein therapeutischer Versuch,... durch ein Gebot des Über-Ichs zu erreichen, was bisher durch sonstige Kulturarbeit nicht zu erreichen war."[9] Das Hindernis, das mit Hilfe des Über-Ich beseitigt oder doch wenigstens eingedämmt werden soll, ist die Aggressionsneigung des Menschen. Aber die Forderungen des Kultur-Über-Ich nehmen die reale Lage der Menschen nicht genügend zur Kenntnis und fragen nicht, „ob dem Ich ... alles psychologisch möglich ist, was man ihm aufträgt." Eine „unumschränkte Herrschaft über sein Es" ist ihm nämlich nicht gegeben. Fordert man mehr als eine begrenzte Beherrschung der Triebe, führt das zur Neurose. „Wie gewaltig muß also das Kulturhindernis der Aggression sein, wenn die Abwehr desselben ebenso unglücklich machen kann wie die Aggression selbst... " Nur sehr vorsichtig deutet Freud in diesem Zusammenhang an, daß mehr als bloße ethische Postulate vielleicht „eine reale Veränderung in den Beziehungen der Menschen zum Besitz" Abhilfe schaffen könnte.[10]

Erich Fromm hat – aus der Sicht der revisionistischen Psychoanalyse – die Erleichterung beschrieben, die der in der Masse aufgehende Kleinbürger empfindet: „The person who gives up his individual self and becomes an automaton, identical with millions of other automatons around him, need *not feel alone and anxious* any more. But the price he pays, however, is high; it is the loss of his self."[11] Demagogische Politiker erkennen oder fühlen die Eigenschaften der Masse, die sie zu willfährigen Empfängern geeigneter Losungen und Visionen machen. Hitler war sich dabei über den Zusammenhang zwischen Rezeptivität der Masse für extreme Zielsetzungen und weitgehende Opferbereitschaft durchaus im klaren und wußte dies zu nützen. Ganz gleich, ob man die Massenbildung generell als unerwünscht ansieht oder lediglich als ambivalent, weil ja der Mut der Massen in bestimmten Situationen als Mittel zur Überwindung einer unerträglich gewordenen Herrschaft auch befreiend sein kann, die kritische Analyse der Rolle demagogischer Führer bleibt auf jeden Fall für die Sicherung demokratischer Verhältnisse unentbehrlich.

Hitler (wie übrigens auch Lenin) hat seine Verachtung für die Masse durchaus offen eingestanden und sogar das Geheimnis propagandistischer Massenagitation offen ausgeplaudert. In „Mein Kampf" schreibt er: „Wer die breite Masse gewinnen will, muß den Schlüssel kennen, der das Tor zu ihrem Herzen öffnet. Er heißt nicht Objektivität, also Schwäche, sondern *Wille und Kraft*. Die Gewinnung der Seele des Volkes kann nur gelingen, wenn man neben der Führung des positiven Kampfes für die eigenen Ziele *den Gegner* dieser Ziele *vernichtet*. (...) Die breite Masse ist nur ein *Stück Natur* und ihr Empfinden versteht nicht den gegenseitigen Händedruck von Menschen, die behaupten, Gegensätzliches zu wollen. Was sie wünscht, ist der *Sieg des Stärkeren und die Vernichtung des Schwachen oder seine bedingungslose Unterwerfung*."[12] Was Hitler hier „Volk" nennt, ist nicht die Gesamtheit der politisch bewußten, aktiv die Politik mitgestaltenden Bürger, sondern kommt jenem Konzept von „Masse" sehr nahe, das Canetti beschrieben hat. Wiederholt vergleicht Hitler die „Massenseele" mit der einer „Frau", wobei er den traditionellen Klischees einer patriarchalischen Zivilisation folgend der Frau die Bewunderung von Stärke und Macht und die Bereitschaft zu „bedingungsloser Unterwerfung" unter den Stärksten unterstellt. Erich Fromm spricht in diesem Zusammenhang von *sadomasochistischen* Verhaltensweisen, die – ungleich – auf Führer und Masse verteilt sind. Bei den Führern ist die masochistische Komponente auf die Unterwerfung unter die „Gesetze der Natur", die sozialdarwinistisch gedeutet werden, oder – wie Hitler zu sagen pflegte – auf den Machtspruch des „Allmächtigen" beschränkt. Die Masse aber soll ihre masochistischen Bedürfnisse durch die Führung befriedigt bekommen, die zu totaler Aufopferung der eigenen Interessen, ja des eigenen Lebens auffordert – sie vielmehr befiehlt.

Als Taktiker der Massenversammlung zeigt Hitler seine größte Kompetenz. Es kommt ihm ausdrücklich darauf an, Massenerlebnisse herzustellen, um mit ihrer Hilfe die Menschen in den Griff bekommen zu können. Er schreibt: „Die Massenversammlung ist... schon deshalb notwendig, weil in ihr *der einzelne*, der sich zunächst als werdender Anhänger einer jungen Bewegung *vereinsamt* fühlt und leicht *der Angst verfällt*, allein zu sein, zum ersten Mal das Bild einer größeren Gemeinschaft erhält, was bei den meisten Menschen kräftigend und ermutigend wirkt."[13] Auch wenn Hitler die Massenversammlung an dieser Stelle mit einer Heeresformation vergleicht, scheint er sich doch der seelischen Auswirkungen solcher Massen klar bewußt zu sein. An einer anderen Stelle weist er darauf hin, daß für massenhafte Gefolgschaften keineswegs ein hoher Bildungs- und Bewußtheitsgrad der Mitglieder wünschenswert sei, es komme vielmehr auf „die *blindgehorsamste*, bestgedrillte Truppe" an.[14] Hitler sah offenbar keinen deutlichen Unterschied zwischen der freiwilligen – durch das Massenerlebnis ausgelösten – Selbstaufgabe und der durch militärischen Drill bewirkten. Wichtig ist ihm lediglich die „totale Unterwerfung", die aus dem Volk eine gehorsame Menge opferbereiter Kämpfer macht, die auf den Befehl ihres Führers wartet. Die von Canetti betonte Tendenz zur vollständigen Einebnung aller Unterschiede in der total „gleichen" Masse kommt dem Herrschafts- und Machtwillen des Führers entgegen, der über die Menge der unstrukturierten Individuen unumschränkt gebieten kann. Aus diesem Grunde war in Nazideutschland, das in der Revolution von 1918/19 seine traditionellen hierarchischen Strukturen weitgehend eingebüßt hatte, die faschistische Herrschaft weit totalitärer als in Italien, das mit dem Königshaus, der Armee und der katholischen Kirche über traditionelle Hierarchien weiterhin verfügte, die durch den Faschismus Mussolinis nicht total eliminiert und gleichgeschaltet werden konnten. Etwas Vergleichbares wie für Nazideutschland läßt sich für die Sowjetunion – insbesondere nach der Verschmelzung von Partei und Staatsapparat – sagen.

Je strukturloser und traditionsloser eine Gesellschaft ist, umso leichter fällt sie als „Masse" einer diktatorischen Führung zum Opfer, umso massenförmiger wird aber auch die Opposition sein, die mit dieser Führung eines Tages aufräumt. Die friedliche Form der Herrschaftsablösung in der DDR dürfte auf die Tatsache zurückzuführen sein, daß sich – im Schutz der evangelischen Kirche – eine mutige Opposition organisieren konnte, die die Initiative für die friedlichen Demonstrationen übernahm. Genauere Beobachtungen würden vermutlich erkennen lassen, an welcher Stelle der von den Oppositionsgruppen eingeleiteten Entwicklung diese in „Massenaktionen" übergingen. Die Losung „Wir sind das Volk", die von den oppositionellen Gruppen ausging, wandelte sich – angesichts der Hoffnung auf eine baldige Vereinigung mit der Bundesrepublik und der von ihr erhofften Hebung des Wohlstands – in den Ruf „Wir sind ein Volk". Canetti würde von der den Massen eigentümlichen Tendenz zu unbegrenztem Wachstum gesprochen haben, hätte er das Ereignis zu kommentieren gehabt. Die intellektuellen Opponenten vom Herbst 1989 wurden von dieser Massentendenz gleichsam überrascht. Ihr revolutionäres Ziel war die Errichtung einer demokratischen Gesellschaft in der DDR, nicht die Vereinigung mit der Bundesrepublik und zumindest bei einigen auch nicht die Übernahme der kapitalistischen Marktwirtschaft. Beide Ziele aber entstanden in der Bevölkerung, von der ein Teil als „Fluchtmasse" sich in individuelle Konsumsucher auflöste, während ein anderer an Ort und Stelle bundesdeutschen Wohlstand durch rasche Vereinigung einklagte und schließlich von bundesdeutschen Politikern auch in Aussicht gestellt bekam.

Was kann die Theorie der Masse für die Theorie totalitärer Gesellschaften und für die Verhinderung totalitärer Entwicklungen leisten? Da es einen Rückweg aus der modernen, pluralistischen, unübersichtlichen industriellen oder postindustriellen Gesellschaft in überschaubare, fest strukturierte, traditionelle Welten nicht gibt, bleibt die Gefahr oder Möglichkeit der Massenbildung immer bestehen. Solange jedenfalls, wie der geringe Wohlstand, große soziale Gegensätze und die niedrige Bildungshöhe der großen Mehrheit der Bevölkerung dieser Entwicklung nicht im Wege stehen. Das Ideal einer Gesellschaft *aufgeklärter, ichstarker, rationaler Individuen* bleibt *ein* Ziel, das in den meisten heutigen Gesellschaften noch nicht erreicht ist. Großstaaten und Großstädte erschweren darüber hinaus die Bildung bewußt eingegangener, auf Dauer gestellter sozialer Kontakte, die eine wichtige Voraussetzung für die Herausbildung selbständiger Charaktere sind. C. G. Jung hat in einem 1941 gehaltenen Vortrag den totalitären Staat als Nutznießer der Massenbildung kritisiert: „Die Sozietät... ist die größte Verführung zur Unbewußtheit, denn *die Masse schluckt den Einzelnen, der nicht in sich begründet ist, unfehlbar auf* und reduziert ihn auf alle Fälle zur ohnmächtigen Partikel. Der Totalitätsanspruch des Staates könnte es auch nicht für einen Augenblick dulden, daß die Psychotherapie sich das Recht herausnähme, einem Menschen zur Erfüllung seiner natürlichen Bestimmung zu verhelfen."[15] Totalitäre Staaten, so kann man ergänzen, verlangen vom Psychotherapeuten, daß er die Individuen zu restloser Anpassung an seine Forderungen manipuliert. Dieser Forderung stellt Jung sich entschieden entgegen. Aufgabe ist und bleibt es, zur „Bewußtwerdung der Individualität" und ihrer Interessen beizutragen. Das könne aber nicht schon alles sein, denn „das entspräche zu sehr dem uneingestandenen Ideal eines extremen Individualismus, der an sich nichts als eine krankhafte Reaktion gegen den ebenso unzulänglichen Kollektivismus ist. Im Gegensatz dazu bringe der natürliche Individuationsprozeß eine *Bewußtheit menschlicher Gemeinschaft* hervor, weil er eben das alle Menschen verbindende und *allen Menschen gemeinsame Unbewußte zur Bewußtheit führt*. Die Individuation ist ein Einswerden mit sich selbst und zugleich mit der Menschheit, die man ja auch ist. Ist der Bestand des Einzelnen so gesichert, dann besteht auch die Gewähr dafür, daß die organisierte Anhäufung der Einzelnen im Staate... nicht mehr zur Bildung einer anonymen Masse, sondern zu einer bewußten Gemeinschaft wird."[16]

Anmerkungen

[1] Elias Canetti: „Masse und Macht", Frankfurt am Main 1980, S. 366
[2] Ebd.
[3] Ebd., S. 205
[4] Ebd., S. 206
[5] Ebd.
[6] Ebd., S. 206f.
[7] Ebd., S. 207
[8] Sigmund Freud: „Das Unbehagen in der Kultur", aus: Gesammelte Werke, Frankfurt am Main 1948, Bd. XIV, S. 474
[9] Ebd., S. 502
[10] Ebd., S. 504
[11] Erich Fromm: „Escape from Freedom", S. 186
[12] Adolf Hitler: „Mein Kampf", München 1933, S. 371
[13] Ebd., S. 535
[14] Ebd., S. 510
[15] Carl Gustav Jung: „Gesammelte Werke", Zürich–Stuttgart 1958, Bd. 16, S. 113
[16] Ebd., S. 115

Das Ornament des Befehls

Burghart Schmidt

Nichts scheint so pragmatisch-funktional orientiert wie der Befehl. Eine Handlung oder eine Nichthandlung werden durch Zeichen welcher Art auch immer angewiesen, und erwartet wird, daß die Handlung erfolgt oder nicht erfolgt: engste Mittel-Zweck-Bindung für die Organisation.

Der Befehl scheint das Funktionale im praktischen Sinn schlechthin zu sein. So kehrte Wittgensteins Sprachfunktionalismus hervor, daß in den verschiedensten Formen des Befehls bis hin zur Anweisung die Vieldeutigkeit der Wörter durch die Situation ihres Gebrauchs zusammenschrumpft. Was eine Platte sei, ob Tischplatte, Schallplatte, Steinplatte und so weiter, ergibt sich durch den angewiesenen Umgang, dem Vertrautheit und Gewohnheit im Chor antworten. Einzig Eulenspiegelei hat hier, die Situationen durchquerend, nach dem Rechten gesehen mit entfremdendem Verfremden. Da saß einmal Eulenspiegel im Wirtshaus und der Wirt drängte ihn zu einer Bestellung, weil das so üblich sei. Eulenspiegel erwidert ihm, er sei schon von dem Geruch des Rauchs aus der Küche satt geworden, da gäb's nichts zu bestellen.

Nun, wenn er satt geworden sei, war die Meinung des Wirts, so habe er schließlich zu bezahlen. Denn das sei die Funktion des Wirtshauses, zu sätttigen und zu kassieren. Eulenspiegel steht auf, zieht Münzen aus der Hosentasche, wirft sie über dem Tisch hoch , sie fallen herunter, klirrend auf den Tisch. Sofort hat Eulenspiegel seine Hand drauf auf den Münzen und steckt sie wieder ein. Wie er durch den Rauch aus der Küche satt geworden sei, so habe er den Wirt mit dem Schall seiner Münzen bezahlt, basta: Schall und Rauch.

Wir sind hier schon in den Weiten des Befehls zu Anweisungen, Aufforderungen, Ansinnen, Vorschlägen gar. Befehl, das Imperative, vermag verschieden daherzukommen, bis hin zu seinem scheinbaren Gegenteil, dem Wunsch, der Bitte, dazwischen bewegen sich die unauffälligen Hinweise. Hier nun setzt Ornamentales ein. Gesprochen wurde vom Praktischen der Funktionalität – Funktionalität läßt sich ja auch anders denken als die des Mathematischen, des Ästhetischen, des Informativ-Kommunikativen. Sowie in der Konfrontation des Ornamentalen mit dem Funktionalen das Funktionale auf seine praktische Handlungsseite, seine sozusagen sich umtuende Handfestigkeit eingeschränkt werden muß, so muß beim Sich-Einnisten des Ornamentellen in die Funktionalität des Befehligen das Ornamentale über das Überflüssige des hinzugetanen Schmucks hinausgedacht werden, etwa in die differenzierende, abstufende, akzentuierende, zurücknehmende, hervorhebende, abgleitende, ausschweifende Rhetorik aus Tonfall, Tonanstieg, Tongleiten. Die Zwischentöne breiten sich natürlich aus im Feld inszenierter Rücksichtnahmen, die keine Rücksichtnahmen sind. Eine Bank schreibt zunächst einmal davor, es sei der Aufmerksamkeit des Kontoinhabers wohl entgangen und so weiter, bis sie schließlich in den Ton der Zuhälterei verfällt, man habe umgehend an eine neue Anschaffung zu denken. Zentrales Anliegen dieses rhetorisch Ornamentalen ist das Konjunktive, das Sichbewegen der Ausdrucksweise in einem Abstufen von Möglichkeiten, um das Erwartete für nicht unbedingt nötig hinzustellen, vielmehr das Daumenschraubenanziehen bloß erst bereitzuhalten. Dieses Ornamentale, so taktisch wie strategisch alles andere als weglaßbares Beiwerk, schleift die Härten eines Fremdbestimmtseins durch Befehl ab, damit dem Befohlenen das Befohlene wie im eigenen Interesse meinbar erscheint. Ja, am stärksten tritt der Abschliff ein, wenn der Befehl rhetorisch ornamental in Vorschlag umgewandelt wird. Vorschlag taucht auf als Hilfe von außen, seine eigenen Interessen überhaupt erst zu sehen und richtig verfolgen zu können. Er liegt nahe bei dem sogenannten verinnerlichten Zwang, der einem das Anbefohlene zum Selberwollen macht.

Margeret und Alexander Mitscherlich haben aus dem von Sigmund Freud erläuterten Psychomechanismus des Verinnerlichens von äußeren Zwängen die Struktur „vaterloser Gesellschaft" aufgedeckt. Wobei das Vaterbild für direkten Befehl steht, dem man folgt oder sich widersetzt. Genügend hoher Grad der Verinnerlichung erübrigt den Vater und damit die Widersetzlichkeit gegen direkten Befehl, was wiederum direkten Befehl erübrigt. Nun, das Verinnerlichte bedarf noch nicht einmal des Abdämpfens von Befehl zu seiner mildesten Weise des Vorschlagens. Ein anderer Weg, der der Hebelmotivation über ein konzentrierendes Abstraktum aller Lebensmöglichkeit, erreicht das Nämliche. Konzentrat muß die Motivation sein, will man sie als Hebel einsetzen, kein dürrer Begriff der Ethik oder Politik, und doch abstrakt und dabei ganz real, weil im Stand des Realisierenkönnens. So erklärt der Systemtheoretiker Niclas Luhmann das Geld zu dem einzigen Abstraktum, das den notwendigen Realisierungscharakter aufweist, zugleich mit dem Konzentrieren aller Lebensmöglichkeiten in sich. Gemäß Marxens Einsicht, wer schwach sei, kaufe sich starke Bodyguards, wer langsam sei, kaufe sich schnelle Fahrzeuge, wer dumm sei, kaufe sich schlaue Sekretäre, und so weiter. Verinnerlichen wie Geld machen allerdings die Direktheiten des Befehlens derart überflüssig, daß es eines tarnenden Ornamentalisierens gegenüber der Bereitschaft zur Widersetzlichkeit nicht bedarf. Und das Geld stützt solches noch ab durch sein Wesen, sich aus Quasi-Nichts ins Sein eines Funktionssystems zu entfalten, welches das Geld selber ist.

Was nun, wenn Verinnerlichen nicht ununterbrochen mitgemacht wird, wenn im Funktionssystem auch nur wider die Regel gespielt wird. Hier, in den Krisen des Psycho-Sozio-Mechanismus, müssen wieder die Abstufungen des Befehligen her, damit vor allem das Ornamentalisieren des Befehls bis hin zum Vorschlag. Vorschlag ist ja vor allem Tummelfeld der falschen Bescheidenheit. Kritischer Rationalismus, wo er gesellschaftlich praktisch werden wollte, spannte dieses Programmwort ein, um Liberalität anzukündigen. Wenn Brecht es gebrauchte mit der Wendung zu seinem Grabstein, hier läge jemand, der habe Vorschläge gemacht, dann ironisierte er den Befehlsanspruch darin.

Das bisher angesprochene Ornamentale am Befehl seiner Rhetorik nach – einschließlich des Konjunktiven in einem dauernden „Ich würde sagen ..." – scheint das Befehlige dämpfen und mildern zu wollen. Übrigens ist vom befehligenden Konjunktiv des „Ich würde sagen ..." der häufige utopische Konjunktiv Adornos: „Gelungene Identität wäre des Identitätszwangs ledig" sehr wohl zu unterscheiden. Der utopische Konjunktiv stellt etwas vor, das unter bestimmten Bedingungen wirklich da wäre, aber die Bedingungen sind abwesend.

Zurück zum Ornamentalen als Dämpfen und Mildern durch verschlingendes Verumständlichen, Umkreisen, Umwirren. Hat nicht, so fragt sich demgegenüber, auch die

Nacktheit des Befehls in ihrer Glätte und Schärfe mit Einschließen-Wollen durch Ausschließen ein Ornamentales selber an sich, das Gegenbahn zieht? Befehle werden ja nicht einfach ausgesprochen, dahergeredet, in den Wind gesagt. Es gibt den so genannten Kasernenhofton. Oder aber die Kommandos in der christlichen Seefahrt wurden nicht gerufen, sie wurden ausgesungen. Land in Sicht gleichsam als Naturkommando wurde ebenso ausgesungen wie der Befehl des Kapitäns: Ruder hart backbord. Allerdings das Musikalische, das hier eintrifft, dient Funktionen. Bekannt ist, daß die Singstimme hörbar weiter trägt und durch mehr widrige Winde sich drängt und windet als die Sprechstimme. Und geht man zur Militärmusik selber über, so sollte sie über die Sinnlichkeit die Marschleistung stützen. Auch das Uniformengepränge des Militärs, heute bloßes rabiates Festwerkzeug, machte früher das Informationssystem vom Feldherrnhügel aus. Wo steht, wie, welche Truppengattung welcher Funktionsweise? Sobald gegenüber den Sinnen indirekte Informationstechniken entwickelt wurden, verschob sich die Militärpracht in die Paraden, Tarnung wurde oberstes Gebot für das funktionierende, nicht sich darstellende Militär. Sicher hat das Ganze auch eine ästhetische und von der Inszenierungsweise her bis in die Tarnung eine ornamentale Perspektive, aber das praktisch Funktionale steht im Vordergrund gegenüber dem Darstellen. In Paraden allerdings wird die Tarnung selber ungetarnt dargestellt. Während sie bei Manövern in ihrer Tarnfunktion sich zeigt, schlägt sie in ihrer ungetarnten Darstellung ins Ornamentale über.

Ein anderes Gelände aber läßt sich einsehen von der Verhaltensforschung her. So wenig ich es leiden kann, wenn man von Tier auf Mensch schließt, man trifft wohl etwas, aber man segelt an der differentia specifica vorbei, die alles entscheidet. Da macht man das Wahrnehmen am Signalwahrnehmen fest, das man bei Tieren mittels roher Attrappen sich bestätigen läßt. Richtig, im Sich-Orientieren des alltäglichen Lebenserfordernisses erweist sich auch der Mensch als bloßer Signalwahrnehmer. Deswegen aber unterläuft er dauernd das ihn ermüdende Signalwahrnehmen durch Ästhetica des Versuchs auf vollständiges Wahrnehmen durchs symbolisch verkürzende Signal hindurch, es als Signal überhörend. Gewiß, weithin bediente gerade das Ornamentale sich des Signalwahrnehmens,jedoch um es von eindeutigen Attrappen in Labyrinthe zu entführen, zu Konnexionen, Konjunkturen, Texturen zu verführen. Aber ich meine mit Hinblick auf das Problem des Befehls eine andere Einsicht aus der Verhaltensforschung. Wer Hunde hat, weiß, wie oft er mit ihnen Befehl spielen muß, ohne daß er eigentlich das Befolgen des Befehls will oder gar benötigt.

Das Ganze hat wiederum seine funktional praktische Seite. In Situationen, in denen es zur Gefahrenvermeidung auf den Gehorsam des Hundes ankommt, kann man sich auf diesen Gehorsam nur verlassen, wenn man mit dem Hund viel Befehl und Befolgen *spielt*. Der Hund aber hält dieses Spiel für kommunikative Zuneigung zu ihm, Sich-Kümmern um ihn. Er will darum das Spiel so oft wie möglich mit einem spielen, man fühlt sich in seiner praktischen Absicht der Übung für den Ernstfall letztlich gefrotzelt. Einiges davon läßt sich sicher auf menschliche Vergesellschaftung übertragen. Die höchst überwiegende Menge der Befehlerei unter Menschen ist nur Übung für den Ernstfall ohne Absicht, die praktischen Folgen zu erreichen. In Hinsicht auf die Praxisfunktion erscheint hier, vom Pädagogischen abgesehen, Ornamentales. Das Ornamentale verstärkt sich in der Lust am Spiel zwischen Befehl und Befolgen. Und diese Lust ergreift nun auch den Befehler wie den Befohlenen, der Überdruß der Frotzelei schwindet. Der ist selbstverständlich auch bei den meisten Hundeeigentümern am wenigsten von der Partie, bei vielen aber doch. Wäre es doch bloße Frotzelei, dieses Übermaß an ornamentalem Spiel mit der Befehlerei! Man hat zwar längstens schon Theorien über einen neuen Führungsstil entfaltet, der auf Lob der Arbeit setzt, um anzuspornen. Aber der Führungsstil des 19. Jahrhunderts hat sich eingenistet. Nach ihm muß befohlen und getadelt werden.

Wer sich in einer Führungsposition glaubt, glaubt unter Beweis stellen zu müssen, daß er befehlen kann und so weiter. Gegenwort zum Verhaltensforscherlichen: was beim Hund das Selbstverständliche, taucht beim Menschen als sinnloser Selbstlauf auf, besetzt nur durch das ornamentale Spiel, als sei endlich ein Selbstzweck erreicht, das heißt ein Zweck, der in sich selber ruht ohne Aussicht.

Bisher war vom Allgemeinen des Befehls die Rede. Sicher, es gibt genügend oft den Befehl unter vier Augen. Aber der Befehl organisiert Menschen in ihrem Zusammenwirken, er zielt auf das Kollektiv, er zielt schließlich, weil Zusammenwirken sich weitern will, auf die Massen. Und da hat Walter Benjamins Querblick eingegriffen. Der sieht die Organisation der Massen nicht als einen praktisch-ökonomischen, praktisch-politischen Vorgang, sondern der sieht die Massen da, wo die Massen als Massen erscheinen. Was sie in den ökonomischen und politischen Strukturen nicht tun, weil sie eben differierend strukturiert, auseinandergelegt sind. Denn selbst dort, wo in der freien Zeit und auf dem Markt die Vielen metropolisch zusammenströmen, handelt es sich nicht um Massen, sondern Mengen. Das Gemenge der Mengen ist die Welt, die der Flaneur durchschweift. Das Erscheinen der Massen deutet Benjamin als ein Ästheticum der totalitären Bewegungen im Spätkapitalismus. Die Massen tauchen auf der Straße in Kolonnen auf, sie treten auf den Feldern der Massenveranstaltungen an, sie marschieren ihren Fahnen und Parolen nach, ihre Individuen werden uniformiert, der Gleichschritt betrifft nicht nur das Schreiten. Benjamin spricht von einem Ästhetisieren des Politischen und unterscheidet es vom Politisieren des Ästhetischen.

Im Ästhetisieren des Politischen wird der Schein inszeniert, als hätten die Massen die Straße, die Versammlungsfelder, die Macht ergriffen, aber nur im Theaterstück ihrer Aufmärsche und Abmärsche. Ästhetisch werden sie mit ihrer Massenmacht abgespeist, damit man ihnen ihre realen Ansprüche, ihre materiellen Ansprüche vergessen machen kann. Benjamin zählt dieses Ästhetisieren des Politischen keineswegs bloß den Nationalsozialisten zu. Noch in gegenüber Aufmarscheifer abgeklungenen Manövern vermag sich Ästhetisieren des Politischen zu regen, wie später in bloßen Namenseingebungen volkseigener Betriebe. Tatsächlich haben noch Linke der Sechziger gemeint, damit sei immerhin schon etwas erreicht, wenn die Unternehmen nicht mehr Privatnamen im Schild führten, sondern das Volk.

Ästhetisieren des Politischen läßt ein Canetti-Thema auftauchen, das Ornament der Masse, organisiert durch Befehl zu Quadraten, Rechtecken, Sternen, Kreisen mit Scheidegräben dazwischen. Selbstverständlich hat Benjamin diese ästhetisierte, also ornamentalisierte Masse einer anbefohlenen Öffentlichkeit stärkstens unterschieden von dem spontanen Massenauflauf mit Aufstand und Revolution in sich, handelnden Massen statt zu Schmuckformen gegossenen. Und hier liegt die Übereinstimmung von Canettis „Masse und Macht“ mit ihm vor. Die ästhetisierten, die organisierten Massen verklumpen die Macht, massieren die Macht. Da hat Macht nichts mehr zu tun mit dem feinen Intrigenspiel der Kamarilla barocker Natur, auch nichts mit der nur sparsam-ökonomisch gezeigten brutalen Paraden-Drohung des Militärs.

Die Massenführer sind nicht Herren der Massen, sie sind deren Funktionäre und Sprachrohre, allerdings nach vorher geleisteten Investitionen in die Intentionen der Massen, in das, was diese hören wollen, sehen wollen; Brechts Peachum steht dafür. Dagegen läßt sich das Bild der spontanen Massen aus der Geschichte heraus entwerfen, jener Massen, in die nicht investiert wurde, die zunächst darum auch keine Sprachrohre und Funktionäre haben. Canetti sieht das utopisch positiver als Benjamin mit der möglichen Lust an der Masse in der Masse, bestehend im Auflösen, Sichauflösen des Individualitätszwangs, des Identitätszwangs, während Benjamin skeptisch von den Notbremsen der Weltgeschichte redet. Doch beide sind gegen die naserümpfende, Unterschiede vermeidende vorurteilige Spießerverachtung der Massen, die gern das schnelle Sich-Ablösen von Hosianna und „Kreuziget ihn!" beschwört. An Ortega y Gasset kann man diese Spießerverachtung, im vornehmen Ton des Selberdenkens daherkommend, studieren. Und zugleich geht einem auf, wie diese Spießerverachtung, ob vornehm tönend oder plump, auf dem Sprung steht, die Massen jeweils zu gebrauchen und sie unter der Hand knechtisch zu bewundern. Ein anderes ist es, aus engagiertem Antifaschismus die Massen zu fürchten, ihnen gegenüber Berührungsängste auszustehen.

Iring Fetscher sprach das aus auf den 3. Internationalen Canetti-Tagen in Wien mit Einfordern eines Differenzierens zwischen ästhetisierter Masse (dem Kult der Massenaufmärsche), organisierter Masse (Fabrik etwa) und spontaner Masse, wobei sein geschärftes Mißtrauen auch die spontane Masse traf, höchstens die Notbremsenfunktion behoffend. Gewiß, am Mißtrauen ist richtig: spontane Massen schwemmen Vorurteilsmengen massiert in die Öffentlichkeit. Doch sie rotten sich zusammen in einem und durch einen bestimmten Konflikt. Das unmittelbar ausbrechende Sich-Befreien ist äußerst gefährlich, komplex gesehen befreit es in seinem Mondhof den Sprühnebel der Zwangsneurosen zum Sich-Äußern, zum Austritt, und dieser Sprühnebel fängt das Sich-Befreien ein in neue Netze, die schließlich Gitter werden. Freud hat ohnehin auch den spontanen Massen eine präformierte Über-Ich-Positionalität kollektiver Art zugeordnet, verteilt auf die vielen einzelnen Teilhaber, die, wenn sie gleich vorläufig unformuliert scheint, nach ihren formulierenden Sprachrohrfunktionären schreit, sie sich notfalls selber in Göttern erfindet. Aber es gibt sie, die spontanen Massen, mindestens am Tag ihres Sich-Befreiens vor dem Sich-Schmieden der Zwangs- und Vorurteilsnetze zu in die Jahre kommenden Schmiedegittern. Die spontanen Massen lassen sich für den Tag ihres Sich-Befreiens rechtfertigen, Schuld holt sie ein, wo sie stets noch die Unfähigkeit aufgewiesen haben, sich zum Kairos der rechten Zeit wieder aufzulösen, auseinanderzulaufen aus der geballten Geladenheit, was ein Fortsetzen des Sich-Befreiens aus der Momentanität in eine gewisse Dauer sein möchte. Ein wenig berührt das der Mauerspruch: Ich wollte, es wäre Krieg, und niemand geht hin. Was wären der Massenführer, das Über-Ich bei ausbleibenden Massen? Sartre hat zwar den Reinstitutionalisierungsprozeß allen Aufruhrs als Verhängnis gesehen. Aber wie nun, wenn die Lust an, in und durch die Masse umschlägt in das lustvolle Verlassen der Masse? Diese Lust wäre schuldfrei, wäre aber dennoch auf Massage des Massierens und deren Message angewiesen. Doch wenn es um Canetti geht, dann geht es vor allem um eine andere Masse als die des Aufruhrs, es geht um die leidende Masse des massierten Leids.

Diese Masse ist zunächst alles andere als spontan. Die Massenvernichtungen der Geschichte brauchten im Ansatz ideologische Ausgrenzungen, fiktive Diskriminierungen des Brandmalens im verfügten Tätowieren. Dieses Ausgliedern mußte mit religiösen, moralischen, sittlichen, ökonomischen, hygienischen Motiven arbeiten, um lebensunwertes Leben an die Wand zu zeichnen. Auf dieses hetzten sich dann die Pogrome in scheinbarer Automatie. Selbstverständlich stellt sich, wie so oft in der Geschichte, das Problem von Ei und Henne, vice versa. War erst das Brandmal gesetzt, das den Pogrom provoziert, oder lag Pogrombereitschaft auf Lauer mit Verlangen nach dem Brandmalen?

Gewiß nur, der Ansprung zur Massenvernichtung, zum Hineintreiben von Massen in die Qual, ist alles andere als spontan je und je gewesen. Spontaneität erwidert nur, aus den aus-eingepferchten Massen heraus, mit einer Solidarität des Elends. Strategisch und taktisch erzwungen hat das weder Strategie noch Taktik. Ja solches kennt die besonders elendigliche Schuld des auf Kleinstflamme gedrehten Ausscherens, sobald sich eine Gelegenheit bietet, zu der unter Menschen so viel wirksameren ganz kleinen Differenz im Elend. Das Spontane, von dem leidenden Massieren des Leids her gesehen, scheint nun besonders und als Hauptthema Canettis das Ästhetisieren, das Ornamentalisieren der Masse zu unterminieren und derart das Ornamentale des Befehls. Und dennoch setzt sich unausweichlich Ästhetisches in Symbolen ab, die KZ-Züge der Bretter-Waggons mit den Belüftungsschlitzen, die KZ-Wachtürme und KZ-Zäune. Denkt man sich das Ornamentale also nicht als jauchzenden Dekor, feiernden Schmuck, dann tauchen darin weniger, am wenigsten Ornamente des Verstehens auf, vielmehr Ornamente des Erinnerns. So problematisch alles künstlerische Gedenkbilden heute geworden sein mag bei hochinteressiertem Verschleiß des Gedenkens (vgl. Verf., Problem mit dem Gedenkbild, Spuren Nr. 17, Hamburg 1986), das Erinnern ist auf Bildlichkeiten angewiesen. Diese Bildlichkeiten fungieren den Signalen entgegengesetzt. Signal zeigt sich in seiner Abstraktion als wie immer willkürliches Auswählen eines Merkmals, das sich für ein Komplexes einfach einsetzt zum Zweck des orientierenden Wiedererkennens, die Bildlichkeiten des Erinnerns abstrahieren hin zum Konzentrat, auch das Kreuz wurde symbolisches Ornament, sicher nicht zuletzt vom Sonnenzeichen her einsteigend in den Jubel des „Es ist vollbracht“. Dem Sonnenzeichen und dem Vollbrachtseins-Anspruch darin dürfen wir längst nicht mehr trauen, hätten es wohl nie dürfen, wo die Fangröhre des Verharmlosens offener Aktualexistenz derart verlockend durch die Welt der Flüchtenden und Deportierten scheint. Aber am Kreuz bleibt etwas, das der Notorik widerspricht, mit der Franz Schuh die Wirkensfähigkeit des Befehligens, Canetti interpretierend, aus dem Tod hervorkriechen sieht, aus der Androhung des Tods, aus der Vollstreckbarkeit des Tötens, so daß Leben gegen den Befehl zum Verachten des Tods verpflichtet sei. Es ist nicht der Tod, es sind seine Abschläge, die er in das Leben zahlt, in die Quälbarkeiten des Menschen, worin die Wirksamkeit des Befehls gilt, das Wie des Sterbens. Die Konzentrate dessen drängen sich uns auf, wir können nicht ohne sie, obwohl sie weithin verbilligen, verbilligen und nochmals verbilligen. Der gebührende, gebührliche Hohn, der nicht den Konzentraten, sondern ihrer Verbilligungs-Funktion gewidmet wird, trifft *das* Tabu einer in Verdrängungskünsten hochgearteten, aufgearteten Gesellschaft, das Universum dieser Gesellschaft schlägt in Grund und Boden zurück, nichts empört sie mehr als das Spiel mit dem Gedenken. Die Bildkonzentrate, um die herum das Tabu sich lagert, sind aber Ornamente und verlocken darum zum Spiel, dessen Distanzierungsintention läßt Ironie ein. Das Ornamentale spielt sich weiter und weiter in Knoten hinein,die vorübergehend halfen, und dann knirschend, quietschend aus Knoten heraus. Alle Demonstration lebt aus der antiornamentalen Spontaneität, entwickelt dabei aber ihr Ornamentales in Rhetoriken, welche die Situationalitätsverfallenheit des ausgreifend hinlangenden Demonstrativen kenntlich machen.

Wiederum: der Kenntlichkeit entgeht nichts. Man mag Hohn-, Spott-, Ironietreiben mit dem Ernstfall für verwerflich halten, dann stanzt man die Kenntlichkeit fest zu einem Seienden, man bringt sie um das ihr innewohnende Experimentalfeld, man unterstellt das Erkennen dem Befehl, ohne dessen Ornamentales in möglicher provisorischer Verbindlichkeit zu fassen: Es sei so – sei es so? Der Kunsttheoretiker Klaus Hoffmann hat sich die Frage gestellt, wie die Vermassungsprozesse unseres Jahrhunderts in der bildenden Kunst Darstellung fanden. Er stieß dabei auf ein Problem, das schon der ästhetischen Kategorie des Erhabenen begegnete, sofern das Erhabene als Demonstration, Provokation des Unendlichen im Endlichen aufgefaßt wurde. Immanuel Kant hatte damit in Sachen Ästhetik der Natur wenig Schwierigkeiten. Wo er aber nach dem Erhabenen in der Ästhetik der Künste suchte, häuften sich die Schwierigkeiten. An Kunstwerken liegt ihre Endlichkeit in Raum und Zeit wörtlich auf der Hand. Wie soll da Unendliches zur Darstellung kommen? Man behalf sich mit dem relativ Unendlichen oder, anders ausgesprochen, mit dem bloßen Hervorrufen des Eindrucks von Unendlichem durch Relationen oder, künstlerischer ausgesprochen, durch Proportionen. Erst die reflexive Kunst unseres Jahrhunderts brachte da einen anderen Ausweg bei. Ihn hat Jean Francois Lyotard zusammengefaßt im Darstellen der Undarstellbarkeit des Undarstellbaren und beschrieben im Bogen von der Moderne zur Postmoderne als Verliebtsein der Kunst ins Scheitern, Wiener fin de siècle im Hintergrund. Massse in ihrem Sich-Ausweiten, ob spontan oder organisiert, ist nicht in endlichen Kunstwerken darstellbar, muß Klaus Hoffmann feststellen. Aber die Tendenz zum Sich-Ausweiten ist im Eindruck provozierbar, folgert er, und zwar durch das Prinzip Reihung gegen Gestalt; dem wäre von mir hinzuzufügen: durch das Prinzip ausschneidender Rand (etwa der Photographie) gegen einschließenden Rahmen (vgl.Verf.: „Rand gegen Rahmen in der Photographie“, Camera Austria, Graz, Nr. 11/12, 1983) oder statt Sonderraum lauter Verweisen auf sich erweiternden Raum. Das läßt sich auch mit Einbezug der Zeitdimension bewerkstelligen, wie die Musik von John Cage verdeutlicht: die Aktion des Musikbereichs besteht im Sich-Ausweiten auf das unendliche Geräuscheuniversum ringsum. Symbolisieren der grenzenlosen Erweiterbarkeit und Differenzierbarkeit, ob Reihung oder nomadisierender Rand, schafft also das Ornament der Masse in den endlichen Produkten der bildenden Kunst unserer Moderne, und die Massen haben es am wenigsten verstanden. Da liegt ein philosophisches Problem begraben, und Philosophie ist ja weniger Sterbekunst (wie vorschnippisch Platon meinte) als Bestattungskunst: Jeder sieht jede Art eigenen Spiegelbilds so gern bis in den Werbespruch einer Druckerei für Visitenkarten, die schönste Lektüre sei immer noch die Lektüre des eigenen Namens, den Massen aber geht es da anders an der Masse. Klaus Hoffmann sieht in der Tat im Gegenstandslosen, im Abstraktiven der Kunst unserer Moderne ein Ornamentales zum ersten Schritt, darin schließt er sich Ernst Gombrich an, der eigens sein Buch über die Kunstgeschichte des Ornamentalen schrieb gegen alle Vorwürfe, er habe die Kunst wertmäßig dem Versuch aufs Naturale unterstellt, solcher Art gleich ein Votum eingebracht gegen gegenstandslose Kunst. Nein, der

Gegenzug einer Tendenz zum Gegenstandslosen sei mit dem Ornamentalen stets unterwegs gewesen, solang es Kunst gibt.

Klaus Hoffmann geht einen Schritt weiter und konstatiert über das Prinzip Reihung des Nämlichen dem Ornamentalen der Gegenwartskunst das Ornament der Masse. Das überzeugt, wenn man die vielen Stimmen hört, welche dem Prinzip Reihung in unserer Moderne die Werte des Demokratischen und Gleichen abmarkten. Ornament der Masse wird freilich der Indifferenz gefährlich, wo nicht unterschieden wird zwischen ästhetisierter, organisierter, ausgegrenzter und spontaner Masse. Da schlägt dann das Ornament der Masse um in das Ornament des kollektiv wirkgeilen Befehls. Ornament der Masse ist gut, aber wo bleibt da die massenornamentale Intention des Sich-Entmassens? In einer Feier des formalen Massenornaments wird sie abgefeiert. Postmoderne ergreift im Ornamentalen über ihr Wenden der Streuung und Zerstreuung gegen das strukturale Reihen ihren kritischen Anspruch.

In Bezug auf unser Thema haben wir bisher gesprochen von ornamentalen Beschaffenheiten des Befehligen, das heißt, wir begriffen den Genitiv, in dem der Befehl per Titel steht als Genitivus subiectivus. Der deutsche Genitiv ist aber ambivalent, er läßt sich ebenso als Genitivus obiectivus verstehen. Und dann muß die aus dem Titel ableitbare Frage lauten: Was ist am Ornament befehlshaberisch? Thomas Morus schon im Beginn der Neuzeit wurde das klar und distinkt, obwohl er als Kanzler des englischen Königs zur herrschenden Klasse schlechthin gehörte. Er sah das seit Jahrzehnten unserer Zeit wieder beredete Repräsentative am Ornament und darin die Statussymbolik der Gesellschaftshierarchie ausgesprochen. Darum forderte er für seine Fiktion einer demokratischen Idealgesellschaft auf der Insel Utopia Ornamentlosigkeit so scharf und heftig ein, als wäre er schon ein Adolf Loos gewesen. Allerdings bemerkte er an der Konsequenz der Schmucklosigkeit die gähnende Langeweile, und darum entwickelte er Gartenstadt-Ideen, die Natur bemühte er zum Schmuckwerk. Was natürlich in den kritischen Angriffen auf die repräsentative Statussymbolik des Ornaments seit Thomas Morus wenig genügend deutlich begriffen wurde: Was hat es mit Einhämmern von Gesellschaftshierarchie zu tun, wenn repräsentative Statussymbolik des Ornaments den Status unverwechselbarer Individualität repräsentieren will? Ornament ist Befehl, richtig. Aber da gibt es den Befehl, der Individuen ins Kollektiv funktionalisiert und derart zu unterschiedslosen Partikeln eines Prozeßsystems macht. Da gibt es aber auch den Befehl, der die Individuen gegeneinander schützt und den Konsens unfunktional diskussionsfähig hält. Wir müssen uns ohnehin noch nach der Beschaffenheit des Befehls an ihn selber fragen. Einleitend wurde von Wittgensteins Sprachfunktionalismus gesprochen, in dem der Befehl durch seine praktische Situation das Sprachliche aus seiner Vieldeutigkeit in die Eindeutigkeit hebt. Nicht nur die praktische Situation leistet das, auch die Kunst der Genauigkeit im Formulieren von Befehlen, ein Rhetorisch-Ornamentales wieder. Auf jeden Fall muß der Befehl irgendwie verstanden werden. Wir stoßen auf einen Haken. Der Befehl muß verstanden werden, aber zunächst einmal nur im Sinn einer Handlungsprospektive, die aus ihm und auf ihn zu folgen hat. Anders steht es mit dem Sinn, aus dem heraus er gegeben wird, der sein Gegebenwerden begründet. Gewöhnlich will das Befehlen diesen Sinn in der Idee des blinden Gehorsams gerade verschleiern. An solcher Verschleierung trägt das Ornament des Befehls, das Befehlige im Ornament, keine Schuld. Und die Verschleierung macht die Befehlshaberei unerträglich.

Ein anderes Feld wird betreten, wenn es um das Theater der Befehlerei geht. Manfred Moser berichtet von Prozessionen auf italienischen Soldatenfriedhöfen der Isonzoschlachten des ersten Weltkriegs. Die prozessionierenden Menschenzüge zwischen gereihten und gestaffelten völlig gleichen Kreuzen erzeugen in der Konfrontation von bewegter und erstarrter Reihung eine Expressivität, die überschlägt: Man hört aus dem visuellen Eindruck heraus die Musik der ausgesungenen Befehle, den Kasernenhofton. Gewiß, die prozessionierenden Gedenker wohnen sich durch den Vollzug des Rituals wieder und wieder in die Befehlsbereitschaft ein. Aber dem Betrachter geht das vielköpfige Ungeheuer des Befehls auf anläßlich der Unzahl der Toten, die der Befehl vorzeitig legte, dorthin, wo er dann nichts mehr zu sagen hat. Macht man das Ritual als Ritual nicht mit, man kann dabei ruhig mitziehen, dann wird aus dem Ritual des Ernstfalls ornamentales Spiel, das nach Auswegen sucht aus dem Labyrinth ritualer Beklommenheit (vgl. Manfred Moser: „Die Präsenz des Todes: Redipuglia und der Tag danach", Zeitschrift für Semiotik, 1988).

Ohne Befehligendes, ohne Anweisendes wäre wohl Kommunikation und Kooperation unter Menschen unmöglich. Das Ornamentale allerdings am Befehl tendiert einerseits zu dessen Überfluß. Hierzu scheint die Lösung horizonthaft weiterhin in der Richtung zu liegen, in der Herbert Marcuse utopisch das Problem der Repression zu überrunden suchte. Er räumte ein, daß in einem endlichen Leben Repression nicht absolut abschaffbar wäre, aber wohl ihr überflüssig werdendes Übermaß. Dementsprechend bliebe zwar Befehl und sein Ornamentales, doch der ornamentale Überschwang wird zum Verschwinden gebracht. Andererseits zeigt sich gerade das Ornamentale am Befehl als der Trieb, mit seinem bornierten Ernst ein Spiel zu beginnen. Rhetorische Figuren schon transformieren ihn ins Vorschlagen, weitere rhetorische Transformationen machen aus hoch daherkommenden Vorschlägen ein sich vorsichtig windendes Empfehlen von unten. Das rein Rhetorisch-Ornamentale, für sich genommen, will freilich verschleiern und verkleiden. Erst wenn es anstachelt zur Praxis des Nein, hat es den Sinn seines Spiels mit den Transformationen eingeholt.

Der Raubvögel Frass werden

Éva Kocziszky

„Sie selbst aber wurden den Hunden und den Vögeln zum Fraß", lesen wir über die bei Troja gefallenen Heroen in den einleitenden Versen der *Ilias. Brotos* – die griechische Bezeichnung für den Sterblichen, bedeutet etymologisch „eßbar", also etwas, was „zu essen ist."[1] Als ob der Mensch schon von vornherein, seinem Namen nach, zum Aufessen bestimmt wäre, im Gegensatz zu den Unsterblichen, den *ambrotoi*, die definitiv *nicht eßbar* sind, sie haben ja kein Fleisch und Blut. Deshalb heißt auch ihre unsterbliche und die Unsterblichkeit schenkende – Speise: *ambrosia.*

Wir wissen ganz genau, was diese „Eßbarkeit" heißt: die Erde „verschlingt" quasi den menschlichen Leib nach dessen Tod; das Feuer „frißt" den Körper auf, wenn er auf dem Scheiterhaufen – etwa nach altgriechischem Ritus – zu Asche verbrannt wird. Oder wenn wir uns einer mythischen Metapher bedienen, dürfen wir sagen der Mensch werde nach seinem Tode von Hekates Hund gefressen. (So sehen wir auf manchen antiken Darstellungen den Hinuntergang in die Unterwelt versinnbildlicht.)

In der Welt des Krieges besagt diese Metapher noch etwas anderes. „Der Vögel und Hunde Fraß werden" meint mehr als die bloße Bedrohung durch den Tod. In dem Begriff der Sterblichkeit ist hier auch jene Gewalt schon miteinbegriffen, die dem menschlichen Leben mit Kraft und Willkür ein Ende bereitet, also das Moment des Tötens. Durch den Akt des Tötens wird der Sterbliche nicht nur seines Lebens beraubt, sondern auch sein Überbleibsel – die Leiche – wird der feindlichen Macht völlig ausgeliefert. In der *Ilias* lesen wir dutzendmal die Drohung: der getötete Feind werde zu einer lieben Speise der Raubvögel und Hyänen, oder er werde direkt – wie etwa die Säuglinge von Troja in der Zukunftsvision des Priamos – von dem siegreichen Feind selbst verschlungen. Aber eine solche Drohung ist eben deshalb eine Drohung, damit sie *nicht* erfüllt werden muß. Die Metapher muß eine Metapher bleiben und darf nicht wörtlich verstanden werden. Eine wörtliche Deutung wäre nämlich der göttlichen Fügung zuwider, die alle Gewalt und Grausamkeit auf der Erde in Schranken hält, es widerspräche also der Idee des Maßes, die auch inmitten der heroischen Welt voll von Greueln vorherrschen soll. Von Tydeus – dem Vater des Diomedes – wurde erzählt, er habe einmal die heroische Redensart wörtlich genommen und das Gehirn des getöteten Feindes Melanippos ausgeschlürft. Zwar sollte er es im Zustand der tödlichen Ermattung gemacht haben, trotzdem gab es keine Verzeihung: mit seiner kannibalischen Tat hat er seine Unsterblichkeit verscherzt, die ihm zu schenken Pallas Athene eben im Begriff war.[2]

Durch ihre ungeheure Kraft ist aber die Metapher der Sterblichkeit selbst unsterblich geworden und hat nicht nur Homer und das Griechentum lange überlebt, sondern reicht auch in unsere Zeit hinein und wirkt auch in Canettis *Masse und Macht.* Canetti gründet das Menschsein auf die Denkfigur des Essens und Einverleibens. „Es ist wahr", schreibt Canetti, „der Mensch ißt, aber nicht dasselbe wie eine Kuh, und er wird auch nicht auf die Weide geführt. Die Art, wie er sich seine Beute verschafft, ist tückisch, blutig und zäh, und schon gar nicht ist er passiv dabei. Feinde hält er sich nicht mild vom Leib, sondern er greift sie schon an, wenn er sie in der Ferne wittert. Seine Angriffswaffen sind besser entwickelt als die Waffen, die der Verteidigung dienen. Der Mensch will sich erhalten, gewiß, aber es gibt andere Dinge, die er zugleich will und die davon nicht abzulösen sind. Der Mensch will töten, um andere zu überleben."[3] In der Lebenswelt dieser Bestie sei demnach *alles, was gegessen wird, Gegenstand der Macht.*[4] Es geht also gar nicht um die bloße Selbsterhaltung, oder um die auch noch so gefräßige Einverleibung der Welt durch den primitiven Menschen, sondern es geht um das breiteste Feld menschlicher Interaktionen, um jenes Soziale schlechthin, das auf seinen *tierischen Körper* zurückgeführt und so untersucht wird. Dieser Körper hat nach der Beute ausgestreckte, ergreifende Hände, zermalmende Zähne, seine Mundhöhle ist wie ein Gefängnis, seine Eingeweide verdauen und scheiden alles, was einverleibt wurde, aus. Er ist wie ein Untier, ein Leviathan, dessen Züge uns teils an eine archaische Gesellschaft, teils aber an ihr groteskes, verzerrtes, rebarbarisiertes neuzeitliches Spiegelbild erinnern. „Ich ziehe archaische Kulturen heran, um die Phänomene unserer Zeit, die fast unerklärlich scheinen, zu erfassen", meint Canetti selbst. Und eben diese Doppelzügigkeit, die erklärende Aufeinanderbezogenheit des Archaischen und des Modernen, ist das Problematische an Canettis Werk. Bietet *Masse und Macht* ein entfesseltes Bild der Archaik, oder bleibt das Werk trotz der Unmenge des verarbeiteten ethnographischen Materials eine bloße Parabel unserer Zeit, die bekanntlich in der Vorliebe zum Primitiven, Barbarischen schwelgt? Und ist der Autor selbst ein moderner Orphiker oder Inder, der sich von dieser ganzen Geschichte des kannibalischen Fressens fernhalten will und mit dem Seher Bhrigu bekennt: „Welche Speise der Mensch in dieser Welt ißt, die ißt ihn in jener Welt wieder."? Oder sei ihm diese Position des Außenstehenden nicht nur verwehrt, sondern falle er mit Sarkasmus seinem kannibalischen Thema anheim?

Es ist nun vor allem klar, daß Canetti eine doppelte Rückführung des *Zoon politikon* unternimmt, und zwar eine Rückführung auf die einfachen Formen des primitiven Lebens und eine Rückprojizierung in das Tierische. Diese beiden Projektionen ergänzen sich, weil am primitiven Menschen die Gebundenheit des Menschen zum Tier am ehesten abzulesen sei. Seit der Veröffentlichung von *Masse und Macht* findet dann diese These ihre entschiedenen Gegner, allen voran Ernst Fischer, der „das Fehlen einer sichtbaren Grenze zwischen dem *Animalischen* und dem *Humanen*" rügte, und auch ihre Verteidiger, die mit den neuesten Ergebnissen der Ethnologie argumentieren.[5]

Mit einer solchen Diskussion ist aber das Problem verfehlt worden. Dies wollte ich auch mit dem zum Paradigma und Maß gewählten metaphorischen Benennen des Sterblichen aus der *Ilias* andeuten. Man denke nur an die zwei wichtigsten konstitutiven Momente dieser Metapher des *brotos*: einerseits, daß sie Metapher und deshalb nie wörtlich zu nehmen ist, andererseits, daß sie selbst sich aus dem Bezug zum Göttlichen „speist". Und zwar nicht nur im polaren Gegensatz *brotoi-ambrotoi*, sondern auch im breiten Feld der Jagdvergleiche. Wenn bei Homer die Kriegsagone mit Tierkämpfen verglichen werden, wenn also der siegende Heros zum Beispiel als Löwe seinen Feind als Eber oder Bären erlegt und zur Beute nimmt, dann klingt in der bildhaften Redeweise nicht das pure Gesetz der Animalität mit, sondern es wird dadurch auch die Sphäre des Göttlichen sichtbar, etwa im Löwen das Symbol der Totenwelt, deren Hüter er schon immer gewesen ist.[6] Wenn aber heutzutage der *homo necans* mit einem Raubtier identifiziert wird, hören wir aus der Metapher nur die Reduzierung auf das Tierische, auf das Bestialische heraus. Es klingt wie eine Reduzierung des Menschen auf sein tierisches Minimum, und eben dies ist der springende Punkt, der Canettis Bild vom tötenden Menschen von allen Formen des Archaischen – nicht nur von Homer, sondern auch vom Totemismus – trennt.

Nehmen wir einige heikle Beispiele. Wir kennen eine Reihe von orientalisierenden Reliefs aus Asia minor, die zur Schau stellen, wie Vögel, Hunde oder Fische Kopf und Scham der gefallenen Krieger fressen. Eine solche Darstellung ist aber keinesfalls „realistisch" zu erklären: die Metapher ist nicht wörtlich genommen worden, sie wird eher in einer höheren Sphäre bewahrt – sie drückt die herkömmliche Zueinandergehörigkeit von Lieben, Sterben und Essen aus.[7] Wer hätte aber den Mut zu sagen, daß auch die von Canetti erzählten neuzeitlichen Verstümmelungen und obszönen Schändungen der Getöteten die nämliche Einheit von Eros und Thanatos zum Ausdruck bringen sollten? Oder wer erdreiste sich zu behaupten, daß die griechische Bezeichnung *brotos* auch die Möglichkeit in sich geborgen hätte, Menschenfleisch auf den Marktplätzen der verhungerten Ukraine zu metzgen?

Es gehört also zum Wesen unserer Grundmetapher, daß in ihr das Identische auf das grundsätzlich Nicht-Identische hinweist. Das angeführte Archaische weist nicht auf das Archaische hin, das Tierische setzt den Menschen nicht in die Tierwelt zurück. Trotz möglicher phänomenologischer Ähnlichkeiten ist der moderne Massenmensch grundsätzlich verschieden vom Menschen der Naturvölker oder der archaischen Zeit der antiken Kultur. Dies bezieht sich vorzüglich auf das Wesen des Sterblichen als Sterblichen, das heißt auf Canettis Todesauffassung, die dem ganzen Werk zugrundeliegt. Diese Todesauffassung ist ja alles andere als archaisch-primitiv, sie ist eher die des Massenmenschen des technischen Zeitalters, der mit der Idee des Todes nie fertig werden kann und vor ihm nur auszuweichen versucht.

II.

Aus Canettis Darstellung der Macht folgt, daß die höchste Macht der Tod selbst sein soll. Er sei nämlich derjenige, der alle anderen frißt und dadurch alle seine Opfer überlebt.[8]

Im Kontext von „Masse und Macht" ist es also kaum zu verwundern, wenn Canetti einen Freiheitskampf gegen den Tod führt und ihn den höchsten Feind nennt. Es ist verblüffend, wie genau Canetti jene alltäglichen Meinungen über den Tod wiederholt, die vor allem aus Heideggers *Sein und Zeit* bekannt geworden sind. Derjenige, der stirbt, ist bei Canetti immer der „andere" und keinesfalls „man selbst": „Der Schrecken über den Toten, wie er vor einem daliegt, wird abgelöst von Genugtuung: man ist nicht selbst der Tote. Man hätte es sein können. Aber es ist der andere, der liegt."[9] Die Formulierung „man" ist eben genug auffällig, auch wenn dieses „man" keinesfalls mit dem von Heidegger identisch ist.[10]

Im Tode des immer anderen wird also eben auch die Nähe, die primitive Identität von Tod und Getötetsein wahrgenommen. Mit anderen Worten: das Gefühl des Triumphs des Lebens manifestiert sich eben angesichts des Todes. Daraus resultiert nicht nur die Feststellung: …„ohne die Anerkennung des Todes hätte es nie ärgste Verbrechen gegeben"[11], sondern auch die grundsätzliche Sündhaftigkeit allen Lebens: „Vielleicht ist jeder Atemzug von dir der letzte Hauch eines anderen?". Die wiederbelebten primitiven Vorstellungen über Tod und Töten, bzw. über die bei dem Tode des anderen erfahrene Steigerung der eigenen Lebenskraft lassen sicherlich auch Anklänge des Vitalismus im Stile von Kayserlings *Südamerikanischen Meditationen* mitschwingen. Diese Art Lebensphilosophie und die Perspektive des „man" prägen dann den sozialanthropologisch erfaßten Begriff des Überlebenden. „Die Situation des Überlebens", stellt Canetti fest, „ist die zentrale Situation der Macht. Überleben ist nicht nur erbarmungslos, es ist konkret, eine genau begrenzte, unverwechselbare Situation. Der Mensch glaubt nie ganz an den Tod, solange er ihn nicht erlebt hat."[12] Das Leben sei also, angesichts der höchsten Macht, des Todes betrachtet, immer schon ein Überleben. Diese Zusammenhänge von Macht und Überleben führen uns abermals zu der Frage: Wer ist eigentlich dieser Überlebende, wer ist er in Bezug auf den Autor selbst? Was heißt „überleben" im *poetologischen Sinne* des Wortes?

Überlebender sei zunächst ein jeder, der im Gegensatz zu den Toten noch am Leben ist. Canetti beschreibt ausführlich die „Friedhofsstimmung" des modernen Menschen: „Was tut der Besucher eigentlich, wenn er sich auf einem Friedhof befindet? Wie bewegt er sich und womit ist er beschäftigt? Er geht langsam zwischen den Gräbern hin und her, besieht sich diesen oder jenen Stein, liest die Namen und fühlt sich von manchen von ihnen angezogen.(...) Da ist einer 32 Jahre alt geworden und ein anderer drüben 45 Jahre. Der Besucher ist schon jetzt älter, und jene sind sozusagen aus dem Rennen. Er findet viele, die es nicht so weit gebracht haben wie er selbst, und wenn sie nicht ganz besonders jung gestorben sind, erweckt ihr Schicksal durchaus kein Bedauern. Es gibt aber auch viele, die ihn übertreffen.(...) Der 89jährige, der dort liegt, ist wie ein höchster Ansporn. Was hindert einen, 90 zu werden? Aber dies ist nicht die einzige Art der Rechnung, auf die man unter einer solchen Fülle von Gräbern verfällt. Man beginnt darauf zu achten, wie lange manche Menschen schon hier liegen. Die Zeit, die einen von ihrem Tode trennt, hat etwas Beruhigendes: um so viel länger ist man schon auf der Welt."[13]

Das beschriebene Zeitverständnis erinnert uns ebenfalls an die aus *Sein und Zeit* bekannte, berechnende, „uneigentliche" Zeiterfahrung, der die alltägliche Todesauffassung und Todesflucht des „man" zugrundeliegt. Der Friedhofsbesucher als Überlebender ist in dem Sinne auch einer, der „keiner" ist. Der wesentlichste Unterschied des Canettischen „man" zu dem von Heidegger besteht aber darin, daß Canetti eher selbstironisch als kulturkritisch verfährt. Wahrlich ein jeder ist ein Überlebender und speist sich (dem großen Beispiel des Satyrikon folgend) aus seinen *eigenen* einverleibten Toten. Erst so wird „man" „einer". „Wer Geschmack am Überleben gewonnen hat, der will es *häufen*."[14] Mit dem Überleben wächst also zweitens das Machtpotential des einzelnen. Der Überlebende neigt also zur Despotie, zum Herrschen: Dies hieße, daß jede Hinrichtung, für die ein Herrscher verantwortlich sei, ihm etwas an Kraft verleihe. Neben großen Despoten des Ostens und römischen Kaisern führt Canetti auch einen wahren „Künstler" des Überlebens an, den Verräter Josephus Flavius.[15]

Drittens erweist sich dann die Lust am Überleben als krankhaft und paranoisch. In der Psychologie des Machthabers findet Canetti auffällige Ähnlichkeiten mit dem Paranoiker vom Typ Schrebers, der sich einbildete, er wäre der einzige noch lebende Mensch auf der Erde. Dieser psychiatrische Fall hat so stark auf Canetti gewirkt, daß er ihn mehrmals nacherzählte.

Bei dem Canettischen Begriff des Überlebenden darf man viertens nicht übersehen, daß auch der Schriftsteller keine Ausnahme bildet, er sei sogar eine paradigmatische Figur des Überlebenden. Um diese Identifizierung geht es in Canettis explizierender *ars poetica.* Er nimmt in seinem Erzählwerk – vorzüglich in seiner Selbstbiographie und in den Tagebüchern – die Stellung des Überlebenden ein. Eine Stellungnahme, die am genauesten und in der feinfühligsten Weise in Canettis Kommentaren zu *Kafkas Briefe an Felice* formuliert wurde: „Ich für mich kann nur sagen, daß diese Briefe in mich eingegangen sind wie ein eigentliches Leben, und sie sind mir nun so rätselhaft und so vertraut, als gehörten sie mir seit jeher schon an, seit ich versucht habe, Menschen ganz in mich aufzunehmen, um sie immer wieder von neuem zu begreifen."[16] Also einerseits die völlige Aufnahme fremden Lebens, andererseits aber der Akt des Schreibens als Wiedergutmachung, indem man dadurch dem Gestorbenen sein eigenes Leben leiht.

Soll dann etwa auch die schriftstellerische Tätigkeit selbst nichts anderes bedeuten als eine Art von Überlebensstrategie? Ein Sich-selbst-Hinüberretten – mitsamt den eigenen Toten – inmitten einer Welt voll von feindlichen Mächten? Eine Überwindung des Todes?

III.

Wenn wir an die immer wieder verwendete Körpermetaphorik bei Canetti denken, müßten wir unsere Frage nach der Sprache von Canetti eigentlich bei der Zunge beginnen. Sprechen und Zunge hängen für Canetti enger zusammen als eine Fertigkeit und ihr Organ. Beides wird miteinander verbunden durch ein Erlebnis aus der Kindheit. In seiner Autobiographie „Die gerettete Zunge" erzählt Canetti, wie er als kleiner Knabe vom Geliebten der Magd seiner Familie bedroht wurde, seiner Zunge verlustig zu werden, falls er ihr Verhältnis verrät. Das Gefühl einer solchen Bedrohtheit konnte Canetti seitdem nie mehr loswerden. In Tagphantasien tauchen dann Wölfe der Kindergeschichten mit ihren lechzenden blutigen Zungen immer wieder auf, in Erinnerung an die bedrohte Zunge, an den Zusammenhang von Sprache/Zunge und „Verbrechen". Er als unter Bulgaren aufgewachsener spanischer Jude,der zuerst Englisch las und erst als beinahe Erwachsener die deutsche Sprache erlernte, träumt später auch von einem Mann, der „die Sprachen der Erde verlernt, bis er in keinem Lande mehr versteht, was gesagt wird."[17]

Vielleicht aufgrund dieses Grunderlebnisses ist zu erklären, warum Canetti die Sprache ständig unter dem Aspekt des Sterblichseins betrachtet und körperhaft beschreibt. Allerdings geht es auch hier um eine archaische Erfahrung, die auf eine eigentümliche Weise neu erlebt wird. Die griechischen Dichter haben auch die Sprache im Rahmen des Gegensatzes von Sterblichen und Unsterblichen aufgefaßt: Die Sprache der Sterblichen unterschiede sich zum Beispiel darin von der der Unsterblichen, daß die Götter nie ein solches Wort wie *haima*, also „Blut", sagen könnten, weil es ihrem Wesen als *ambrotoi* widerspräche. Sie dürfen nur von *ichor*, also von einem sublimeren Saft ungeklärten Ursprungs sprechen.[18] Ihre sublime, gehobene Sprache erträgt nichts Körperlich-Rohes, nichts Fleischiges und Bluthaftes: die Menschensprache dagegen kann eben mit diesen Merkmalen charakterisiert werden.

Um das „fleischliche“ Wesen der Sprache weiß auch Canetti. Er betrachtet auch sie unter dem Aspekt des Sterblichseins und beschreibt sie in einer geistreichen Notiz – über die *Namen* – mit den Bildern des Essens und Einverleibens:

„Es sind nur mächtige Namen, die anderen sterben. – Am Namen ist also einmal die Kraft des Überlebens zu messen. Es ist bis heute die einzige wirkliche Form des Überlebens. Aber wie überlebt der Name?

Die eigentümliche Gefräßigkeit des Namens: der Name ist *kannibalisch*. Seine Opfer werden auf verschiedene Weisen zubereitet. Es gibt Namen, die erst nach dem Tode ihrer Träger zupacken, sie haben vorher keinen Appetit. Es gibt Namen, die ihren Träger zwingen, alles zu fressen, was ihnen zu seinen Lebzeiten unterkommt, unersättliche Namen. Es gibt Namen, die zeitweilig fasten. Es gibt Namen, die überwintern. Es gibt Namen, die lange verborgen leben müssen, um plötzlich mit Heißhunger hervorzutreten, – sehr gefährliche Namen.

Es gibt Namen, die sich gleichmäßig zunehmend ernähren, solide Namen, langweilige Namen. Ihre vernünftige Hygiene verspricht ihnen keine lange Lebensdauer.

Es gibt Namen, die sich nur von Kollegen ernähren, Gildennamen sozusagen, und andere, die nur unter Fremden gedeihen.

Manche *zahnen* unter Fremden und finden dann ihre Nahrung unter den Ihren.

Namen, die leben, weil sie sterben wollen. Namen, die sterben, weil sie nur leben wollen.

Unschuldige Namen, die leben, weil sie sich jeder Nahrung enthalten haben.“[19]

Diese ironisch-poetischen Worte Canettis schildern eine Erfahrung, nach der sich auch die Namen, die Worte unserer Sprachen der Macht nicht entziehen können. Sie sind ebenfalls von Strukturen und Mechanismen der Macht durchdrungen: daher ihre Gefräßigkeit und ihr Fasten. Macht und Kampf sollen hier im weitesten Sinne verstanden werden. Es handelt sich hier sowohl um die ergreifende Bezeichnung der Dinge, also um die philosophisch-wissenschaftliche Weltbeherrschung, als auch um alle kannibalischen – einverleibenden – Unsterblichkeitsansprüche der Kunst selbst. Der Wille zum *aere perennius* erweist sich zuzeiten auch als eine kannibalische oder parasitäre Form des Überlebens, wie es schon in seinem Horazischen Ursprung mitgegeben worden ist, oder wie es sich auf eine paranoische Weise in dem Ewigkeitsanspruch der Nazi-Architektur zeigte, der Canetti eine Studie widmete. Vielleicht haben wir jenes liebevolle Verhältnis zwischen Namen und Ding schon völlig vergessen, wovon unter anderen Wilhelm von Humboldt sprach. Er hat mit besonderer Klarheit wahrgenommen, wie sehr die Vorstellungen über Essen und Verdauen unsere Kultur prägen. Dies zeigte sich für Humboldt vor allem in Hegels „Phänomenologie des Geistes“, die sich reichlich dieser Metapher bedient – von der Analyse der Wahrnehmung bis zu den Passagen über die Selbstgewißheit des absoluten Geistes, der die Geschichte durchdringt und verdaut.[20] Gegen diese Denkfigur begann Humboldt seine Kritik an allen Formen des Aufessens: sei es die Einverleibung von Völkern – durch Unterdrückung oder Ausrottung – wie z. B. im Aztekenreich oder in der damaligen spanischen Indianerpolitik (obwohl auch hier die „Vermählung“, die Bildung eines größeren neuen Ganzen das Richtige gewesen wäre), oder sei es in solchen Erscheinungsformen der Grammatik zu ertappen, wie z. B. der Einverleibung der Wörter zu einem einzigen Satz-Wort, wie er sie in der mexikanischen Sprache fand, und der er das vermählende flektierende Verfahren, das in der höheren Einheit des Satzes die Individualität der Wörter bestehen läßt, als positives Gegenbild gegenüberstellte. Humboldt blieb dadurch bei vegetarischen, orphischen Wünschen nicht stehen; über den Verzicht hinausgehend setzte er sich mit seiner Denkfigur mit der gleichrangigen Liebesbeziehung von Zeugen und Empfangen auseinander; die in der Sprache – im Verhältnis von Zeichen und Ding –, in der Philosophie – zwischen Subjekt und Objekt – und im Zusammenleben von Individuen und Völkern walten soll.[21]

Man könnte entgegnen: diese beiden Metaphern versinnbildlichen solche Pole unserer abendländischen Kultur, die sich ständig berühren, vermengen oder sogar mißbraucht werden können. Unser Ansinnen gilt aber überhaupt nicht dem Vorrang oder Realitätswert, unsere Frage ist und bleibt rein poetologisch, wie sie von Anfang an war. Also wie gesagt, es gehört zum Wesen der Metapher, daß sie nie wörtlich zu verstehen ist. Erst dann kann sie ihre wahre Kraft und Bedeutung bewahren. In Bezug auf unser Problem könnte dies folgendes heißen: wenn Canetti die Gefräßigkeit der Namen, den allgemeinen Verlust ihrer Unschuld konstatiert, reicht es dann aus, ihnen das Fasten zu predigen? Oder wenn es schon einmal klar ist, daß die Namen ihre Unschuld verloren haben, wäre es nicht optimaler, sie dann miteinander zu vermählen? Nichts aber steht Canetti ferner als eine solche Sprache der Liebe. Und dies kann einen wahren poetischen Verlust bedeuten. Die wiederaufgenommene Denkfigur des Fressens bringt noch mehr als je zuvor die Erniedrigung, die Bestialisierung unseres menschlichen Wesens – mit aller Angst und allen Schrecken – zum Ausdruck, und zwar vor allem dadurch, daß in dieser Denkfigur eben das Metaphorische verlustig zu gehen scheint, und sie, der Tydeischen Tat gleich, zum Zeichen einer neuen Barbarei geworden ist. *Masse und Macht* mag als Diagnose der Zeit gelten; es fragt sich jedoch, ob mit der Unschuld der Namen, mit der gegenseitigen Liebe der Wörter, des Zeichens und des Dinges, des Subjekts und der Welt, ob mitsamt diesen nicht auch die schöne Literatur selbst auf ihre Möglichkeit verzichten soll? Wäre es ein Irrtum zu meinen, daß, nachdem die Machtstruktur, die sogenannte „Gefräßigkeit" der Sprache des zum Überleben verdammten Schriftstellers erkannt worden ist, man nachher konsequenterweise keine wahre Erzählung mehr schreiben kann? Es blieben die Tagebücher, die selbstbiographischen Aufzeichnungen, die Dokumente eines Sich-Hinüberrettens. Vielleicht nicht zu Unrecht ahnen wir eine Parallele mit demjenigen Kafka, über den Canetti meinte, ihn haben die Grundgefühle der Angst und der Gleichgültigkeit derart mit Joseph K. verbunden, daß auch sein Schicksal das gleiche sei; beide sind von dem gleichen, absurden, schicksalshaften „Urteil" zerschmettert worden. Vielleicht unterlag Canetti auf eine ähnliche Weise seiner Gedankenkonstruktion. Wie er den Buddhisten Bhrigu zitierte: welche Speise einer in seinem Leben frißt, dieselbe wird ihn einmal auch fressen.

Anmerkungen

1 Zu dieser Etymologie siehe Emily Vermeule: „Aspects of Death in Early Greek Art and Poetry", 1979, S. 72 ff.

2 Auf attischen Lekhythoi sehen wir Athene öfters dargestellt, wie sie die Unsterblichkeit von Tydeus wegführt.

3 Elias Canetti: „Masse und Macht", 1980, S. 278

[4] Siehe ebd., S. 243

[5] Ernst Fischer: „Bemerkungen zu Elias Canettis *Masse und Macht*", in: Literatur und Kritik I, 1966/7, S. 13

[6] E. Vermeule op. cit.; Ferdinande Hölscher: „Die Bedeutung archaischer Tierkampfbilder", 1972

[7] Siehe G. Bataille: „Der heilige Eros"

[8] Über die Todesproblematik bei Canetti wird in der Fachliteratur immer wieder gestritten. Siehe Edgar Piel: „Elias Canetti", 1984 und „Canettis Masse und Macht oder Die Aufgabe des gegenwärtigen Denkens", hrsg. von John Pattillo-Hess, 1988

[9] Elias Canetti: „Das Gewissen der Worte", 1981, S. 26

[10] E. Piel op. cit., S. 70.

[11] Elias Canetti: „Die Provinz des Menschen. Aufzeichnungen 1942–1972", 1976, S. 143

[12] „Das Gewissen der Worte", S. 27

[13] „Masse und Macht", S. 308 f.

[14] „Das Gewissen der Worte", S. 32

[15] Siehe „Masse und Macht", S. 258 ff.

[16] „Das Gewissen der Worte", S. 79

[17] Elias Canetti: „Die Stimmen von Marrakesch", 1980, S. 23

[18] Hermann Güntert: „Von der Sprache der Götter und Geister. Bedeutungsgeschichtliche Untersuchungen zur homerischen und eddischen Göttersprache", 1921

[19] „Die Provinz des Menschen", S. 175

[20] Siehe Hegel: „Phänomenologie des Geistes", 1807, S. 590 ff.; auch Humboldts ausgewählte Schriften *Über die Sprache*, 1985

[21] Siehe W. von Humboldt: „Ideen über Staatsverfassung, durch die neue französische Revolution veranlaßt"; „Über den Geschlechtsunterschied und dessen Einfluß auf die organische Natur", in: Gesammelte Schriften Bd. I, 1903

LEBEN ALS PASSION

Canettis „Masse und Macht“ als Beitrag zum Begreifen der Moderne

Steffen Dietzsch

In seinem Hauptwerk verdeutlicht Canetti den Anspruch, die gesellschaftlichen Katastrophen des zwanzigsten Jahrhunderts und die damit verbundene permanente Bedrohung des Menschen durch sich selbst verstehen zu wollen. Canetti stellt dabei nicht nur alte Gewißheiten in Frage, er erweist sich vor allem auch als produktiver Querdenker. Die Perspektiven seiner Analysen, die alle in der Tradition der europäischen Aufklärung wurzeln, sind gewissermaßen eingegrenzt (als Fluchtlinien) durch zwei Denkmotive, die deutlich werden in den folgenden Sentenzen von zweien der bekannteren Aufklärer: erstes Motiv – die Überzeugung Spinozas: „Der freie Mensch denkt an nichts weniger als an den Tod; und seine Weisheit ist nicht ein Nachsinnen über den Tod, sondern ein Nachsinnen über das Leben.“ (Ethik, IV. T., LS 67); zweites Motiv – die Überzeugung Friedrich I: „...vous ne connaissez pas assez cette maudite race, à laquelle nous appartenons.“ (Friedrich I. im Gespräch mit J. G. Sulzer)

Im folgenden werde ich anhand von fünf Stichworten eine hermeneutische Annäherung an Canettis Werk versuchen.

1. Canettis Angst

Als am 15. Juli 1927 der Wiener Justizpalast brannte und geplündert wurde – es war dies der impulsive Akt einer über ein Terrorurteil empörten Menge – und in dem nachfolgenden von der Staatsmacht befohlenen Massaker viele Dutzend Menschen starben, da erkennt einer der verstörten Zuschauer dieses Spektakels plötzlich etwas über die *Aktualität von Katastrophen* in jeder Interaktion von Masse und Macht. Im zweiten Band seiner Autobiographie „Die Fackel im Ohr“ erinnert sich Canetti später jener Situation: „Das war vielleicht das Unheimlichste: daß man Leute sah und hörte, in einer starken Geste, die alles andere verdrängte, und dann waren gerade diese wie vom Erdboden verschwunden. Alles gab nach und überall öffneten sich unsichtbare Löcher. Doch der Zusammenhang des Ganzen riß nicht ab; selbst wenn man sich plötzlich irgendwo allein fand, spürte man, wie es an einem riß und zerrte. Das kam daher, daß man überall etwas *hörte*, es war etwas Rhythmisches in der Luft, eine böse Musik. (...) Die Beharrlichkeit der Masse, die, eben vertrieben, im Nu aus Seitengassen wieder hervorquoll. Das Feuer ließ die Menschen nicht los, der Justizpalast brannte während Stunden, und die Zeit, während der er brannte, war auch die Zeit der größten Erregung. (...) Das Feuer war der Zusammenhalt. Man fühlte das Feuer, seine Präsenz war überwältigend, auch dort, wo man es nicht sah, hatte man's im Kopf, seine Anziehung und die der Masse waren eins. (...) Ein für allemal hatte ich hier erlebt, was ich später eine *offene* Masse nannte... Ich hatte erlebt, daß die Masse zerfallen muß und wie sie diesen Zerfall fürchtet; daß sie alles daransetzt, nicht zu zerfallen; daß sie sich selbst im Feuer sieht, das sie entzündet, und um ihren Zerfall herumkommt, solange dieses Feuer besteht." Eingebunden in diese Masse fühlte Canetti etwas vom Hineingeworfensein in einen Mahlstrom – nur diese Poe'sche Metapher scheint die einzig angemessene zu sein für die Beschreibung des historischen Standes der abendländischen Zivilisation. Die Heraufkunft des Nihilismus: in jener Masse wurde er ihr Augen- und Ohrenzeuge. Canetti fühlte dort am Wiener Ring das Paradox der Masse, daß nämlich, wie es just zur gleichen Zeit ein anderer großer Analytiker des Massenphänomens, Ortega y Gasset, bemerkte, die Masse „aus Lebensbegierde die Grundlagen ihres Lebens zu zerstören bereit ist."

Die moderne Welt ist – zumal seit dem Aufstieg des Industriekapitalismus Mitte des 19. Jahrhunderts – eine des permanenten Umbruchs, grundlegender Veränderungen und der Entwertung aller überkommenen Werte. Diese obsessive Innovationswut (vor allem des Kapitalismus) wurde zutreffend als Prozeß der Entzauberung (Max Weber) beschrieben. Der damit einhergehende, Sachzwängen folgende Rationalitätsschub *fürs Einzelne*, fürs Detail, hat aber bezüglich *des Ganzen* nun umgekehrt einen Stau des Irrationalen in zweierlei Hinsicht zur Folge: weltweit kommt es in der politischen Kultur dabei zu einer bisher ungekannten Dominanz, ja Omnipotenz des Staates, und dem entspricht ein fast unaufhaltsamer Wandel in der gesellschaftlichen Kultur derart, daß es zu einem Kompetenzverlust des Individuellen kommt, der sich im Surrogat der Masse kompensiert; beide – Masse (als Gesellschaft) und Macht (als Staat) – fallen aber zugleich hinsichtlich ihrer gegenseitigen Reflexivität, ihrer gegenseitigen Handhabbarkeit, d. h. aber auch letztlich ihrer beiderseitigen Vernünftigkeit immer mehr auseinander: ein Kodifikations- bzw. Herrschaftsbegehren des Staates gegenüber der Masse kontrastiert dann – mitunter auch gewalttätig – mit einem immer übermächtiger werdenden Autonomiebegehren der Masse gegenüber dem Staat. Der Anatomie dieser Wechselwirkung wendet sich Canettis Werk nun vor allem zu; er will es verstehen als einen Beitrag zur *Naturgeschichte* historischer Prozesse.

Im Handeln der Masse, in ihrer Tätigkeit und Impulsivität, die, wie Canetti sagt, „keinen *Führer* braucht, um sich zu bilden", ist eine Travestie dessen erkennbar, was einst das Verständnis von gesellschaftlicher Tätigkeit und intersubjektivem Handeln (etwa in der klassischen europäischen Philosophie) wesentlich ausmachte. In gesellschaftlichen Interaktionen – soweit reichte schon die Einsicht jener Philosophen des „age of reason" – agiert das Individuum wohl schon als Individuum, aber dabei zugleich gewissermaßen auch interindividuell, als Gattung; so etwa beschrieb der aus der klassischen deutschen Philosophie überkommene Begriff „Tätigkeit" den Wirkungszusammenhang von Individuum und Gattung. In jenen Theorien, sei es die Transzendentalphilosophie Kantscher Prägung oder die dialektischen Geschichtsphilosophien von Hegel und Marx, wurde dann aber auch schon mehr oder weniger auf – letztlich sozial determinierte – Antagonismen bzw. Entfremdungs- und Verkehrungsmechanismen in diesem Tätigkeitsmuster aufmerksam gemacht. Canetti nun erlebte einen solchen Verwandlungsvorgang gewissermaßen hautnah in der Bewegung jener Masse, zumal in ihrer Hysterie und Flucht. Canetti ahnte wohl, daß er Zeuge einer pervertierten Aktivität der Gattung war, d. h., die Gattung handelte jetzt als massenhafte Meute in der Trennung von individuellem Telos und Ethos. Dabei gingen aber, und das blieb dem Spürsinn und der Sensibilität Canettis nicht verborgen, in dieser befremdlichen Aktivität und in ihrer von Idolen geleiteten Naturwüchsigkeit wesentlich konstruktive Potenzen der Individualität verloren, namentlich Kreativität, Phantasie, Toleranz, auch Rhetorik, und: was die Masse dabei an Instinkt zu gewinnen vermag, kann den Verlust an Verstand nicht wettmachen. Und so mußte Canetti, der Zeitgenosse zweier Weltkriege, blutiger Revolutionen und Gegenrevolutionen konstatieren, daß man sich offensichtlich im Handeln von Individuen qua Masse einer Vernunftkapazität nicht mehr versichern kann. Augenfällig ist jetzt, daß dieses Handeln von Massen richtungslos und selbstgenügsam werden kann, und daß namentlich der Gedächtnisschwund zu den objektiven Konstitutionsfehlern bei der Geburt des Massenmenschen zu zählen ist. Der Verlust an handlungsorientierendem Wissen – und der damit verbundene Kritikverlust – scheint eine natürliche Abwehrreaktion des Massenmenschen gegenüber einer ihm undurchsichtigen gespenstigen und perspektivlosen Geschichte zu sein. Sein Herkommen und seine Gegenwart sind ihm gleichermaßen ein Rätsel; und so handelt er,wenn er in Gemeinschaft mit anderen handelt, dann beispielsweise – wie Canetti sagt – als Hetzmasse, Panikmasse, Fluchtmasse, Umkehr- oder Festmasse. Und am Ende kommt zum *Rätsel* noch das *Übel*, denn in diesem Handeln der Masse avanciert immer auch die Gewalt von der „ultima ratio" zur „unica ratio".

Bei Canetti geht es deshalb immer um Aufklärung, es geht um die Offenlegung dessen, „was Wirkliches dem Gefürchteten innewohnt" (Walter Benjamin); es geht also nicht darum, das Entstehen des Massenphänomens etwa romantisch zu beklagen, sondern es geht um eine hochdifferenzierte Analyse auch aller anthropologischen Dimensionen jenes gerade mit der gegenwärtigen Zivilisation eng verbundenen Sachverhalts.

2. Canetti als Sammler

Die Problematik gesellschaftlicher Massen entfaltet sich zwar vehement in der Moderne, entspringt aber nicht aus ihr. Soll nun zur kritischen Besinnung über derart grundlegende Bedingungen menschlicher Existenz heute mit dem Ziel lebenswerter Selbstbehauptung des gegenwärtigen Menschen beigetragen werden, dann muß eine Entmythologisierung von so fundamentalen Realien wie Masse und Macht gelingen; dies hat Canetti sich aus früher Erfahrung mit individuellen, gesellschaftlichen und politischen Irrungen und Irrwitz zur Aufgabe gestellt. Canetti hat zeitlebens versucht, das Ganze und auch Aspekte dieser Thematik literarisch oder auch literaturkritisch und essayistisch zu beschreiben – etwa in seinem großen Roman „Die Blendung" (1936), oder in Essays wie „Macht und Überleben" (1962), „Der andere Prozeß" (1968) oder „Hitler, nach Speer" (1971). Um aber die Topographie dieses Kosmos der Masse einigermaßen verläßlich zu bewältigen, bedurfte es jenes großen philosophischen Wurfes von „Masse und Macht"; Canetti hat ein Vierteljahrhundert an diesem Text geschrieben (der dann 1960 veröffentlicht wurde).

Dieses Werk verlangte ein gewaltiges Arbeitspensum, es ist vom Aufwand her in diesem Jahrhundert nur vergleichbar mit dem Projekt des „Passagenwerks" Walter Benjamins (das im übrigen ebenfalls Ende der zwanziger Jahre begonnen wurde). In dieser – wie man das Werk auch nennen könnte – „Phänomenologie" versammelt Canetti ethnologische, religionshistorische, sozialpsychologische, psychopathologische und soziologische Befunde, Indizien und Reflexionen, die dieses Werk zu einem singulären Ereignis in der philosophischen Weltliteratur machen.

Canettis Werk „Masse und Macht" ist zu lesen als eine kulturelle Tiefengrammatik, die zum Verstehen von vielerlei Formen menschlichen Verhaltens beiträgt: Canetti beschreibt die politisch-gesellschaftliche Formbestimmtheit im aktuellen Individual- und Gruppenverhalten ebenso wie z. B. Ritual- und Zeremonialgesetze in der Vergangenheit und Gegenwart außereuropäischer Kulturen, und er berührt Organisationsformen religiöser oder alltäglicher Existenz genauso wie verhängnisvolle Machtmythen und den Wahn der Macht als Krankheit. Canetti leistet hierbei eindrucksvolle analytische Arbeit zur Erhellung struktureller Dimensionen menschlicher Befindlichkeiten, aber jenseits von schulgebundenen akademischen Disziplinen wie Strukturalismus, Anthropologie oder Sozialwissenschaften.

Canetti weiß seinen analytischen Anspruch zu bewahren, ohne ins Theoretische, Fachspezifische abzugleiten; weder in der Methodik noch in der Terminologie muß er Anleihen ans Akademische machen – „Der Beweis ist das Erb-Unglück des Denkens" (so eine Reflexion Canettis aus dem Jahre 1942), und so bleibt seine Darstellung immer auf der Höhe der Diskursivität. Canetti ist auch hier als Philosoph ein faszinierender Erzähler. Diesen Vorzug teilt Canettis Arbeit mit dem Werk Sigmund Freuds, von dem er manche Anregung bekommen hat. Freuds wissenschaftliche Prosa – bisweilen in den literarischen Rang mit Kleists Novellistik – gesetzt hat wohl nicht nur manche Problemkonstellation für Canetti vermittelt, sondern eben auch – natürlich neben anderen wie Georg Büchner, Karl Kraus oder Hermann Broch – prägenden Einfluß auf seine Darstellungsweise genommen; namentlich Freuds „Massenpsychologie und Ich-Analyse" (1921) muß hier genannt werden, in der die psychopathologischen Gesetzmäßigkeiten von handelnden Massen, d. h. deren Fehlleistungen – namentlich „Affektsteigerung" und „Denkhemmung", genau beschrieben werden, obwohl Canetti in seiner Sacherklärung der Massendynamik (etwa bei den Entstehungs- und Zersetzungsprozessen von Massen in Panik) Freud keineswegs folgt.

Canetti zeichnet sich in „Masse und Macht" doch auch durch eine ganz eigene Beobachtungspräzision und Prägnanz der Darstellung aus. Es bleibt „Masse und Macht" eben bei aller exzellenten Subjektivität in seiner erzählenden Systematisierungs- und Ordnungsform immer an der Objektivität orientiert; es geht bei aller Berücksichtigung von subjektiver Erfahrung sowohl des Autors Canetti als auch der Autoren, deren Erfahrungsberichte ans Licht gebracht werden, nicht vorrangig um psychische Mechanismen, sondern gewissermaßen um das Erfassen der Gravitation sozialer Körper, um diejenigen objektiven Vorgänge, die beim Entstehen von Massen zu beobachten sind, um die Bewegungsmechanismen beim Ansammeln und in Ansammlungen von Körpern, um die inneren Strukturen, d. h. Bewegungsrichtungen, Typologien, Verwandlungen und den Zusammenhalt von Massen, also um den Nachvollzug der Strukturierung ihrer Dynamik. In einem Gespräch mit Hermann Broch aus dem Jahre 1933, das Canetti im dritten Band seiner Lebensgeschichte „Das Augenspiel" nachgezeichnet hat, betonte er schon am Beginn seiner Arbeit an „Masse und Macht" die Unzulänglichkeit der Psychologie für die Beschreibung von Massenphänomenen; denn die Psychologie befasse sich mit dem einzelnen, „womit sie aber nichts anfangen kann ist die Masse, und das ist das Wichtigste, worüber man etwas wissen müßte, denn alle neue Macht, die *heute* entsteht, speist sich bewußt aus der Masse.

Praktisch weiß jeder, der auf politische Macht aus ist, wie er mit der Masse operieren muß. Nur die,die sehen,daß diese Operationen stracks in den neuen Weltkrieg führen, wissen nicht, wie sie auf die Masse einwirken sollen, damit sie nicht zu unser aller Unglück mißbraucht wird."

Das Konstruktionsprinzip dieses großen Buches gründet so in der Darstellung ganz verschiedener Textsorten: wissenschaftliche Darstellung und Wissenschaftskritik, Novellistisches, Anekdoten, Chroniken und ätiologische Texte fließen zusammen zu einem großen Essay, der *eine Ethik* – more aesthetico demonstrata – fürs Überleben ist. „‚Kerls, wollt ihr ewig leben?' – ‚Ja!'", so Canetti in einer Aufzeichnung von 1969!

3. Die moralische Quadratur des Zirkels

Dieses Dilemma: wie „weiterleben und doch nicht Sieger sein?" führt an einen existentiellen Grundwiderspruch heran, um dessen Lösung „Masse und Macht" eindringlich bemüht ist. Denn: Macht hat für Canetti nur den Sinn des Überlebens, zum Überleben konstituieren sich Massen, in der Masse will der Einzelne sich dem Sein zum Tode zu entziehen versuchen – „der Augenblick des Überlebens ist der Augenblick der Macht"; in der Masse wird der Tod des Einzelnen marginal, denn er betrifft hier immer nur den anderen, und die Masse überlebt.

In der Masse (und als Masse) bewältigt der Einzelne seine Berührungsfurcht, d. h. seine Angst vor der Berührung, dem Kontakt mit Unbekanntem. In der Masse ist man von dieser Furcht erlöst. „Wer immer einen bedrängt (in der Masse), ist das gleiche wie man selbst. Man spürt ihn, wie man sich selber spürt. Es geht dann alles plötzlich wie *innerhalb eines Körpers* vor sich. Vielleicht ist dies einer der Gründe, warum die Masse sich so dicht zusammenzuziehen sucht... Dieses *Umschlagen der Berührungsfurcht* gehört zur Masse." Und so konstituiert sich die Masse als Macht, aber zugleich hat die Masse als Macht Anteil am Wahn der Macht als Herrschaft; dieser Wahn ist der Verfolgungswahn, der – immer aus dem unbedingten Willen zum Überleben – ein Vernichtungspotential freisetzen muß. Dieses aber wird vom Machthaber z. B. im Befehl gehandhabt: „Ein Befehl an viele hat also einen ganz eigenen Charakter. Er bezweckt, aus den vielen eine Masse zu machen... Er *erzeugt* die Masse und hält sie... am Leben."

Es ist dies das wichtigste Instrumentarium, mit dem ein – freilich temporärer – Sieg über den Tod erzielt werden kann. Dieser Zwang zum Sieg als einzige Form des Überlebens führt – homo homini lupus – zur Absolutheit der Machtausübung und des Machtwillens, aber dann auch zur Koinzidenz von Herrschaft und Paranoia; ihre Folge ist, daß die Berührungsfurcht, die ein Motiv zur Bildung von Massen war, im Herrscher, im Machthaber noch gesteigert wird, und so muß er zum Feind am Leben der anderen sui generis werden.

Und so sieht Canetti jenen ihm von Büchner her bekannten und beklagten „gräßlichen Fatalismus der Geschichte" sich immer wieder aufs neue zeugen: „Quälen und töten, töten und quälen, und ich lese es auf tausend Arten immer wieder, immer dasselbe." Und dies scheint nun die Logik allen Sieges zu sein – der Sieger ist der Überlebende, der über einem Berg von Toten triumphiert. Es ist also um den Sieger immer etwas von Friedhofsgefühl:

„Er allein kommt und geht, wie es ihm beliebt. Er allein unter den Liegenden steht aufrecht."

Canetti will also einen Beitrag leisten zur Aufklärung über die Folgen von Macht und des Wahns von Machthabern, er will sich nicht mit dem Überwältigungsschrei des Siegers als einem womöglich letzten Ton aller Geschichte zufriedengeben. Wenn nun aber eine Lehre aus der Machtanalyse Canettis zu ziehen wäre, dann ist es jene Forderung: „Alle werden überleben oder niemand." Und um sich demgemäß zu verhalten, müßte zuallererst dem Zwang zur Massenbildung Einhalt geboten werden; ein wichtiger Schritt zu diesem Gebot hin wäre die Destruktion desjenigen Elements im Bündel der Machtinstrumentarien, das das „gefährlichste einzelne Element im Zusammenleben von Menschen geworden" ist: *der Befehl* nämlich. „Es müssen", schreibt Canetti, „Mittel und Wege gefunden werden, den größeren Teil des Menschen von ihm freizuhalten. Man darf ihm nicht erlauben, mehr als die Haut zu ritzen. Aus seinen Stacheln müssen Kletten werden, die mit leichter Bewegung abzustreifen sind."

4. Konfuzius

Die Beendigung des „Befehlsnotstandes" als Immunisierung gegen jene Machtverhältnisse zwischen Menschen (die sich im Befehl augen- und ohrenfällig reflektieren) bleibt für Canetti die wichtigste kulturelle Aufgabe für den heutigen Menschen; dies ist für ihn keineswegs ein utopisches Programm, gar bloß der fromme Wunsch eines unpolitischen Träumers. Es bedeutet natürlich eine radikale Wendung gegen den Zeitgeist, aus dem Schatten der Masse herauszutreten; es erfordert enorme Zivilcourage, im *Aufstand der Massen eine Auferstehung des Menschen* zu verlangen. Genau dies tut Canetti aber, dies fordert er als erste geistig-kulturelle Aufgabe für uns Heutige. Einhalt zu gebieten wäre also der Unterwerfungsbereitschaft; es gilt, Widerstände aus Vernunft zu mobilisieren, die dann dem Einzelnen wieder Räume zum kritikfähigen Handeln und Denken freilassen; jene Umkehrung bedeutet für Canetti also keine Flucht aus der Gesellschaft (als vorgebliche Flucht vor der Masse), also kein Aussteigen, sondern ein neues Denken, dem es dann wieder neu um das Verhältnis von Individuum und Gesellschaft zu gehen hätte. Dieses neue Denken müßte sich dann allerdings nicht dem Hochmut des Alles-neu-Machens und der Hoffart des Noch-nie-Dagewesenen ergeben, sondern – Zukunft ist Herkunft – aufs neue sich der kulturellen Vielfalt der Weltzivilisation zuwenden. Es ist im übrigen keine neue Überlegung, daß das Individuum im Zentrum des Weltgefüges zu bleiben hat, daß also – wie es Nietzsche postuliert hat – das „Wegrollen" des Menschen aus dem Zentrum am Ende zum Nihilismus führen würde. Demgegenüber will aber Canetti dasjenige festhalten, was man schon in der europäischen philosophischen Klassik (in Deutschland etwa bei Kant) finden könnte, nämlich die strikte Forderung, den Menschen jederzeit nur als Zweck, niemals bloß als Mittel zu behandeln.

Dieser humanistische Impetus bei ihren besten Köpfen macht Canetti gegenüber der europäischen philosophischen Tradition nicht blind gegen dasjenige, was ein anderer hellsichtiger Kritiker – Theodor W.–Adorno – einmal ihre „Guckkastenmetaphysik" genannt hat; in einer Notiz (aus dem Jahre 1951) macht Canetti diesbezüglich ihren „Begriffsaberglauben“ als Mangel namhaft, der nicht zuletzt für ihre Geschwätzigkeit über Gott und die Welt verantwortlich sei. Vor gewissen Dingen aber sollte die Rede zurückhaltend, nachdenklich oder zögernd sein, sollte das Hören an die Stelle des Redens treten.

So wird für Canettis Denkkultur nun vor allem China interessant: „Zucht und Gegenzucht in ihrer Wechselwirkung lassen sich hier auf das Genaueste studieren. Was im besten Fall aus Menschen werden kann, ohne daß sie darum unmenschlich werden; was sie im schlimmsten Fall bleiben, ohne daß früher Gewonnenes wieder verloren geht; das Werden wie das Bleiben stellt sich hier auf eine ganz eigenartige Weise dar und lebt noch so bis zum heutigen Tag.“ Dies hatte Canetti in einer Aufzeichnung (aus dem Jahre 1945) gewissermaßen als ein Resümee seiner bisherigen Erfahrungen und zugleich als Programm zur Orientierung für künftige Geisteskämpfe notiert.

Dabei wird immer mehr Konfuzius zu seinem Meister; in ihm verehrt er einen Virtuosen des Nein-Sagens, und er ist beeindruckt von dessen Haltung zur eigenen Erfolglosigkeit. Dabei ist Konfuzius kein Asket, er nimmt teil am Leben, und seine Passion ist das Lernen, das Menschliche und die Ordnung des Lebens. Konfuzius hatte jedoch, worauf Canetti in einem Essay (1971) aufmerksam machte – wie viele „Denker, die *gegen* die Macht sind“ –, kaum Einsichten in die Natur der Macht. Konfuzius bleibt für Canetti ein Vorbild par excellence für einen herrschafts- und machtfreien, aber nicht form- oder zuchtlosen Umgang des Menschen mit dem Menschen, für ihr Zusammensein gemäß eines „sanften Gesetzes“. Es wird im mitmenschlichen Verkehr der Gebrauch der anderen undenkbar, „Konfuzius erlaubt keinem Menschen, Werkzeug zu sein.“ Damit wären wesentliche Voraussetzungen für die Machtausübung – jedenfalls idealiter – blockiert. Nun liegt im konfuzianischen Bild des selbstverantwortlichen Individuums für Canetti natürlich nicht – kurzschlüssig – eine politisch durchsetzbare gesellschaftliche Alternative vor, sondern es ist Konfuzius vornehmlich ein Vorbild für den gegenwärtigen Menschen vor allem hinsichtlich einer wünschenswerten Denk- und Verhaltenshygiene.

Solche Chinoiserien eignen sich natürlich in keiner Weise als instrumentierbares Herrschaftswissen, sie sind aber auch keineswegs nur reine Utopien, sondern sie bilden vielmehr ein Ferment des Widerspruchs des Unerhörten, es sind Fluchtlinien, die vor allem für diejenigen, die ins Unbekannte vorstoßen wollen, die Neues erheischen, unabdingbar nötig sind. In dieser Weise, eben für das Experimentelle im Denken, gehören chinesische Weisheiten für so unterschiedliche Zeitgenossen wie Elias Canetti, Walter Benjamin, Ezra Pound, Bertolt Brecht oder Octavio Paz zum wesentlichen Inventar ihrer jeweiligen geistigen Ansprüche und Möglichkeiten. Für Canetti jedenfalls bleibt Konfuzius, obwohl er in „Masse und Macht“ natürlich keinen Platz hat, in seinem Werk insgesamt aber gerade deshalb immer anwesend, weil der Chinese das Phänomen des Todes mit *Schweigen* pariert.

5. Ohrenzeuge

Es gibt nur einen exklusiven Sinn für die Wahrnehmung des Lebendigen – das Hören. (Das Tote kann man auch sehen, riechen, tasten oder – mit Verlaub – schmecken.) Canetti ist ein solcher Ohrenzeuge, der uns lehren will, daß das Zuhören-Lernen geradezu von sinnlicher Bedeutung für das Überleben ist – nicht zuletzt war Canetti fasziniert von der Geduld

Konfuzius' in seinen Bemühungen „um das Ohr derer, die die Macht haben." Es wird das *Gespräch* zwischen Zuhörenden – eine Gepflogenheit aus ältester philosophischer Überlieferung – zur neuen Tugend in einer neuen Geschichte. „Hier hätte die wahre Aufklärung zu beginnen, die das Recht *jedes* Einzelnen auf Fortleben begründet", notierte Canetti in seinen Aufzeichnungen (1972).

Die Botschaft insgesamt, auf die wir durch „Masse und Macht" also zu hören hätten, ist eine aufklärerische über die änigmatische Geschichte und ihre Objekte – die Individuen, die bisher immer die Unterlegenen, Mißbrauchten, Verdammten, Geopferten und Vergessenen waren. Aber diese Aufklärung – als Widerstand gegen den Tod – will nun ihrerseits nicht mit dem Gestus eines Mächtigen, eines Befehlshabers auftreten, sie vermittelt (nach einer Notiz aus dem Jahre 1953) nur das eine: „Ich denke mir: tut dies, tut jenes, tut was dann euch Freude macht, wenn ihr nur lebt, tut, wenn es sein muß, alles Mögliche gegen mich, kränkt mich, betrügt mich, schiebt mich beiseite, haßt mich, – ich erwarte nichts, ich will nichts, nur das Eine: *daß ihr lebt.*"

Der Überlebende in unserer Zeit: Besiegter Autor und sein Antiheld

Ante Stamac

Überleben, das bedeutet: einer Lebensgefahr entkommen, eine Katastrophe überstehen; als Lebewesen länger überdauern, als es die Gesetze der Natur und Gesellschaft voraussehen und ermöglichen, besonders wenn sie ein Ergebnis autoritärer Vorschriften sind. Überleben kann einer, der bestimmte biologische Prädispositionen hat, aber auch der, der sich aufgrund seines intellektuellen oder zielgerichteten Wollens unerwartet entstandener Umstände bedient. Gewiß, um zu überleben, muß man irgendwelche Macht besitzen: die Fähigkeit des Herrschens, intelligentes Durchschauen der begünstigenden Bedingungen oder schlicht das Glück, das man einem unvorhergesehenen Zufall, einer bis dahin unbemerkten Variablen im Geflecht und Spiel der Kräfte verdankt. Hier ist also die Macht – ihr subsumiert man alle drei Möglichkeiten – entweder die Gewalt, mit der man Mitmenschen unterwirft, oder Wissen, ein Attribut also allgemeiner Intelligenz, oder aber ein bloßer Einfall, ein Effekt der zufälligen Eingebung. Wie dem auch sei – die Überlebensformen werden von Canetti nicht differenziert: „Der Augenblick des *Überlebens* ist der Augenblick der Macht." Als ein zusätzliches Motiv des Bemühens, eine Macht zu demonstrieren, bietet dabei das Überleben eine nachträgliche Zufriedenheit: nämlich „nicht wie die anderen" zu sein. Mitmenschen sind sie ja nicht mehr, sie sind bloße Dinge. Der Tote „liegt, der Überlebende steht."[1]

Das System der Beziehungen zwischen Masse und Macht gründet Canetti bekanntlich auf den Biologismus als Gesellschaftsbasis und auf den Phänomenalismus als Methode der Einsicht und Analyse. Große Akteure des Überlebens sind für ihn immer grausame, geschichtsstiftende Helden/Töter: Dschingis-Khan, der dank seiner Unverletzlichkeit überlebt, Cäsar, der drei Millionen Feinde bekämpft, gefangen oder getötet hat, Domitian, der ein permanent grausames Spiel mit den Untertanen spielt, und Flavius Josephus, der seine eigene Leidenschaft fürs Überleben, ganz gemäß seiner Moral und ihr keinesfalls widersprechend, listig mit gegenseitig widerstrebenden moralischen Standpunkten seines eigenen Gottes, seiner Mitkämpfer und seines Besiegers Vespasian in Einklang bringt.

Die Formen des Überlebens sind für Canetti seit eh und je reine biologische Prozesse: das Töten anderer, das Altwerden, Machtwechsel in einer historisch versteinerten Gemeinschaft, Verschontwerden nach einer Epidemie u.ä. Es ist auffallend, daß Canetti, außer im Fall der Einsamkeit Stendhals, konsequent an geschichtlichen Stereotypen und anthropologischen Archetypen festhält, mit dem Ziel, seinen Begriff des Überlebens und dessen terminologische Bestimmung streng den Grundsätzen seines anthropo-soziologischen Systems unterzuordnen.

Den Grundriß dieses Systems, will man an diese Binsenwahrheit erinnern, bilden die Kategorien des Einzelnen und der Masse, d. h. die Beziehung zwischen ihren Antrieben. Im Erinnern an seine frühen Jahre, etwa an 1924/25, als sich ihm die Umrisse seines späteren Lebenswerkes abzeichneten, und zwar in der geschichtlichen Situation eines wachsenden Totalitarismus, sagt Canetti: „... daß es einen Massentrieb gab, der immer im Widerstreit zum Persönlichkeitstrieb stand, und daß aus dem Streit der beiden der Verlauf der Menschheitsgeschichte sich erklären lasse."[2]

Dieser Persönlichkeitstrieb aber, so will es die Geschichte, ist in der Regel ein Privileg des biologisch und politisch überlegenen, stärkeren, beziehungsweise allmächtigeren Einzelnen (eines Diktators, eines Königs, eines Führers), der sich des Massentriebes zu bedienen weiß, um seine eigene Lust am Überleben zu befriedigen. Die Masse stellt jenen elementaren Aggregatzustand des einzelnen dar, in dem er individuelle, d. h. menschliche Prärogative verloren hat: er hat auf seine eigene Zeitlichkeit, auf Raum und Mitleben verzichtet, obwohl ihn selbst nur diese Zeitlichkeit und nur dieser Raum und nur dieses Mitleben leben läßt. Daher gibt es in der Geschichte, die selten anonymer Helden und kleiner Verbrecher gedenkt, keinen Platz für einen befriedigten vereinzelten Trieb, der sich nicht gleichzeitig als Macht, keinen Platz aber auch für einen Massentrieb, der sich nicht als Objekt der Manipulation eben dieser individualisierten Macht verwirklichte. In der düsteren Geschichte des Überlebens (und es ist vernünftig, aus dem System Canettis zu schließen: in der Gegenwart, ja Zukunft) hebt sich ein Typus ab, den der große französische Schriftsteller Stendhal vertritt, der Fall eines Intellektuellen, der als unabhängiges Individuum zu überleben vermag.

Stendhal glaubt an sein Werk, aber dessen Glaubwürdigkeit und Macht verbürgt nicht die Gegenwart; das Werk wird erst nach dem Tode seines Autors, nach hundert Jahren vielleicht, seine Macht ausüben, d. h. überleben. (Hier läßt sich ein ausdrücklicher Widerspruch zwischen der defätistischen Interpretation des Schicksals des großen Schriftstellers und Canettis eigenem, betont aktivistischen Glauben an die Macht des Schreibens hic et nunc erkennen. Diese Auffassung läßt sich an mehreren Stellen im *Gewissen der Worte* ablesen. Man sehe nur die Laudatio für Hermann Broch.[3] Nicht einmal ein Stendhal also fällt aus dem Rahmen des ahistorischen Schemas des Überlebens, das immer mit einem Machtgefühl verbunden ist: über andere, über Untertanen, über Besiegte, über Nicht-Überlebende, die ruhig in ihren Gräbern liegen. Stendhals Überleben wird erst als sein literarisches Werk in einer fernen Zukunft verwirklicht werden.[4]

Der metaphysische Horizont also überzieht den bekannten Ahistorismus Canettis. So entsteht ein krasser Widerspruch: die Statik eines ahistorischen Weltbildes wird der Dynamik der historischen Bewegung ausgeliefert, wo diese Dynamik keinesfalls der ontischen Voraussetzung immanent ist. Nehmen wir Stendhal als ein Sinnbild für den Schriftsteller überhaupt – er ist ja doch ein raffinierter Künstler des Wortes und gleichzeitig ein rasanter Analytiker der selbstbezogenen menschlichen Natur –, so fungiert er in Canettis geschichtsmetaphysischer Perspektive als jemand, der, seinem Leben und seinem natürlichen Ende völlig ergeben, nur als berühmte Persönlichkeit in der Literaturgeschichte überleben wird, abseits von allen Prozessen des Tötens und Machtausübens über Leben und Tod der anderen, ja über eigenes Leben und eigenen Tod. Im System Canettis gibt es wenig Platz für die Kräfte der Subjektivität, die – immer eine fragende Existenz ihrer eigenen Zeit – nach dem Sinn des eigenen menschlichen Engagements fragt, zumindest angesichts der revoltierenden Mitmenschen, die sich in der Regel nie an den höchst entfernten und entgegengestellten Polen des Massentriebs und Persönlichkeitstriebs befinden.

Eben an dieser Stelle möchte ich auf das Phänomen des zeitgenössischen Autors aufmerksam machen. Obwohl dieses Phänomen überwiegend für Mittel- und Osteuropa kennzeichnend ist, könnte man es, mit genaueren Kenntnissen, auch weltweit in anderen Kulturen aufzeigen.

Im Laufe des letzten halben Jahrhunderts hat sich das Problem des Schriftstellers in einer Massengesellschaft radikal verschärft: die Beziehung also zwischen dem individuellen Bewußtsein als Träger affektiver Sprachpotenzen und einem anonymen „man“, das, nicht nur als Referenz des individuellen Bewußtseins, selbst die Führung beim Empfangen einer Botschaft übernimmt, darüber hinaus das Aussehen ihrer poetischen Eigenschaften, die Kontrolle über alle sie übermittelnden Kanäle, ja besonders stark und arg die Kontrolle über den Code selbst. Der ganze Kommunikationsprozeß ist also vermaßt worden. Er ist ein Instrument der Masse und des Massenwerdens. Das passierte in allen drei Auslegungen des Totalitarismus in unserem Jahrhundert: im Faschismus, im Nationalsozialismus und im Kommunismus. Während die beiden ersten, abgesehen von inzidenten Rezidiven, eine schon lange überwundene Vergangenheit darstellen, befindet sich die dritte erst heute in den letzten Zügen: der Kommunismus nähert sich seinem epochalen Ende. Und eben heute, da der Totalitarismus leninistisch-stalinistisch-maoistisch-breschnewscher (warum nicht marxistischer?) Prägung sein Leben aushaucht, ist an jene inneren Momente zu erinnern, die – etwa als Anomalien im epistemologischen System eines Thomas Kuhns – so zusagen „von innen“ die brutal herrschende Macht der „kommunistischen Masse“ zerstören.

Die wichtigste Rolle bei der inneren Zerstörung gebührt dem Schriftsteller – jener dynamischen Funktion in einer statischen Gesellschaft, die als Archetyp des Widerstandes gelten dürfte –, der sich, um unseren großen Geist Canetti zu paraphrasieren, leidenschaftlich überlebend dem eigenen und allgemeinen Tode widersetzt. Sich dem Tode widersetzend, widersetzt er sich gleichzeitig der Geschichte, die – wie Canettis Standpunkt von Edgar Piel interpretiert wird – den Prozeß der allmählichen Unterstellung eines freien Menschen unter den Einfluß der Masse darstellt. In seiner direkten Antwort an Karl Markus Michel, der Canetti noch 1964 die ahistorische Auffassung der Beziehung zwischen Intellektuellen und Masse vorgeworfen hatte, sagt Piel: „Masse ist bei Canetti etwas Elementares, Naturhaftes. (...) In dem Moment, in dem die Masse auf den Menschen zu wirken beginnt, wo sich jenes Wesen also, das auf dem Weg zum Menschen ist, durch die Anverwandlung der Masse über seine naturhafte, konstitutive Einsamkeit und Schwäche hinweghilft, entsteht aber Geschichte.“[5] Die Geschichte also, der sich jede Existenz stellt, trägt ein negatives Vorzeichen, wie das überhaupt in der Tradition des europäischen Denkens üblich ist.

Sich der Geschichte, oder, um die Marxisten ironisch zu zitieren, sich „den Gesetzen der Gesellschaftsentwicklung“ widersetzend, bewahrt ein Autor die Substanz der Menschlichkeit,und dabei verzichtet er nicht auf das Bemühen zu überleben, nicht nur als ein Einzelner, sondern vielmehr als ein „Hüter der Verwandlung“, der ewigen Veränderlichkeit und Buntheit der göttlichen Welt. Um dieses auf die Bedingungen des Schriftstellers im Laufe der letzten Jahrzehnte in Mittel- und Osteuropa zu übertragen: sich der Masse und der Vermassung entziehend, seiner „naturhaften, konstitutiven Einsamkeit und Schwäche“ frei und individuell ihren Lauf lassend, verkörperte der zeitgenössische Schriftsteller-Intellektuelle ein ständiges kritisches Bewußtsein, d. h. eines, das der Geschichte, der Vermassung nicht um jeden Preis hilft, sondern das letzten Endes darüber hinaus ihre „chronique scandaleuse" heftig demystifiziert. Von Voltaire bis zu den zeitgenössischen Verleugnern kann man dieses „Nein" des Schriftstellers verfolgen, sei es, daß er sich ganz offen mit den Institutionen des politischen und gesellschaftlichen Systems auseinandersetzte, oder daß er heimlich und methodisch die Gründe, auf denen dieses System gebaut worden war, „unterwühlte".[6]

Die Voraussetzungen einer totalitären Massengesellschaft, insbesondere der kommunistischen, sowie ihre Repressionsmittel schließen in der Regel ein unmittelbares Verfügungsrecht über Leben und Tod jedes einzelnen ein. Dieser wurde ja immer als ein schädliches Element [7], ein corpus alienum im Wachstum der Masse (und deren Macht) betrachtet, die letztendlich in ihrem paranoiden Führer überleben wollte und konnte; der Einzelne aber hat seinerseits alles mögliche getan, um die Masse zu überleben. So griff unser Einzelner – im Unterschied zu dem kühnen Voltaire und zum sich selbst aufopfernden Walter Benjamin etwa, der sein eigenes Leben auf den Altar einer antimassenhaften Tat des unbestrittenen Altruismus legte – zu anderen Mitteln, um zu überleben. Nun gibt es in diesem Überleben etwas, was Gustav René Hocke als „ehrliche Verstellung" bezeichnet hat. Sie ist ein modus existendi, an dem, wenn man will, ein gewisses ästhetisches Selbstgestalten mitwirkt. Nur „sich ehrlich verstellend" war ein Autor imstande – besonders im Kommunismus, wenn er nicht in eine andere, anders strukturierte Massengesellschaft emigrierte –, als Schriftsteller, als ein Kommentator der Wirklichkeit mit seinem eigenen Idiolekt zu überleben. Angesichts zweier Möglichkeiten – erstens die Geschichte zu leben und sich allmählich in die Masse zu verwandeln, und zweitens seine eigene moralische, intellektuelle oder auch ästhetische Integrität zu bewahren und so die Zahl der noch nicht verschlungenen Opfer der paranoiden Macht zu vermehren – entschloß sich der Schriftsteller als Archetyp des Sinngebers (der sich, ahistorisch gesagt, samt seinen Struktureigenschaften so „autoreguliert" hat), neue Formen des Überlebens zu erfinden, die nicht alle mit denen übereinstimmen, die grosso modo von Canetti beschrieben sind. Einen moralisch und kreativ überlebenden Autor dürfte man aus heutiger Sicht innerhalb des Modells Canettis vereinfacht so profilieren:

Auf den entgegengesetzten Polen eines Spannungsfeldes befindet sich auf der einen Seite die Masse, die als Nahrung jede Form der Individualität verschlungen hat, auf der anderen hingegen ein Einzelner, eine Macht, die dank dieser Masse überlebt, und die, um selbst zu überleben, sie gefangen und überwältigt hat. Dem Autor sollte eine dynamisierte mediale Position zugeteilt werden: nicht mehr ein „echter" Einzelner, der um jeden Preis überleben muß, und noch nicht eine „echte" Masse, in der er alles, was sein ist, alles einzelne ersticken muß; nicht mehr also eine allumfassende und sich alles unterwerfende, noch nicht aber eine sich selbst völlig unterwerfende Masse. So schwankend in der Mitte zwischen einer animalen Vermassung und animaler Individualität lebt er, je nach Zufall, Schicksal oder einer eigenen Wahl, mehrere Modalitäten des Überlebens, die möglicherweise als Stufen der Entfernung von den vorausgesetzten Polen zu begreifen sind. Abgesehen von der keinesfalls kleinen Anzahl derer, die als offene oder geheime Spitzel oder auch als Gepäckträger verrückter Bedeutungen lebten und überlebten, die ihnen paranoide Befehlsgeber aufgebürdet haben, versuchten die Autoren in der eben vergangenen Zeit, ohne dabei Masse zu werden, „sich verstellend" auf folgende Art und Weise zu überleben:

a) *Die Anpassung.* Der Autor ist mit Leib und Seele, in Wort und Tat den Machtstrukturen ergeben. Er ist der Hüter des Systems, in dem jeder einzelne unterworfen und in eine leicht zu konsumierende Masse verwandelt wird. Er funktioniert als Mitglied verschiedener Komitees, Kommissionen und Exekutivbüros der Macht. Da er jedoch dank seiner „bürgerlichen" Bildung einen gewissen Grad an aufklärerischer Individualität beibehalten hat, hält er „die Feige in der Tasche" und distanziert sich in seltenen Momenten: nachts macht er Fenster dicht und sucht so in intimster Gesellschaft, mit Alkohol und Poesie, nach der Möglichkeit des ekstatischen Verneinens. Prototypen: Bertolt Brecht, Jerzy Andrzejewski, Hermann Kant, Miroslav Krleža. Doch die Helden ihrer Werke sind kritische Realisten, die sozusagen nach Gnade und Verständnis für die schöpferische Individualität innerhalb des totalitären Systems verlangen.

b) *Das Zurückziehen in Institutionen.* Der Autor greift nach einer Sinekure in einem wissenschaftlichen Institut, in der Akademie, an der Universität. Mit dem Instinkt eines Uneingegliederten verzichtet er auf irgendeine Funktion der Macht. Er studiert entfernte Zivilisationen und alte Kulturen, und was ihm sehr bekannt ist, das Machtsystem, hält er für Unbekanntes: die die Masse beherrschenden Mächte sind ja eine unantastbare Realität. „Berührungsfurcht" treibt ihn zur Flucht, freilich nicht in die Masse: im System Canettis ist dies allerdings ein unbekannter Fall. Archetyp: Universitätsprofessor, Literaturtheoretiker, oft ein alexandrinischer Dichter, der sich auf seine Vorbilder beruft: auf die griechische Mythologie, Borges, Historiker alter Zivilisationen. Ihre Helden stellen ahistorische Allegorien in einer allgemeinen Symbiose der Welt dar.

c) *Die Abblendung.*[8] Zum Beispiel Dr. Peter Kien aus dem berühmten Roman Canettis. Im Alltag bricht der so gesinnte Autor seine Beziehungen zur äußeren Welt ab. Er zieht seine „akustische Maske" an. Prototypen sind Vladimir Holan, Jaroslav Seifert, Slobodan Novak, Heiner Müller. Ihre Formen des Überlebens werden durch die tiefste Verzweiflung manifestiert, die sich von noch tieferer Einsicht in das katastrophische Weltbild, in einen sicheren Weg zur Apokalypse ernährt. Ihre Helden sind Flüchtlinge auf die verwüsteten Inseln der Einsamkeit; vereinsamte Existenzen, die nur noch darauf warten, daß „das wenige Leben" dahinfließt, Antihelden, die in den Spiegel ihres Verfallens hineinblicken.

d) *Das Außenstehen: kritische Betrachtung.* Der Autor ist ein Seiltänzer, ein ironischer Sänger des Verfalls. Was seinen Ausdruck betrifft, verzichtet er nicht auf die Masse, er „stellt sich", nur beobachtet er sie verächtlich und verwerfend. Die Verachtung trifft besonders stark die vermaßten Repräsentanten der Masse, fiktive Machthaber, oder auch jene Vertreter der Masse, welche die Ironie der Geschichte schon weggespült hat, natürlich auch diejenigen, die nach Canetti eben die Archetypen des Überlebens sind. Phänotypen: Ulrich Plenzdorf, überhaupt Jean-Prosa-Autoren[9], Václav Havel, Rudi Šeligo, Antun Šoljan, Danilo Kiš, Slavko Mihalić. Ihre Helden sind Außenstehende des Lebens, moderne Picaros, einsame junge Leute, die von der Masse nur ihre kargen und problematischen Zivilisationsgüter annehmen. Die Methode des Weltbetrachtens ist in erster Linie Ironie: *Simulatio* als eine gewisse Überlegenheit beim Einsehen in ein abgesondertes „positives" Abteil der Wirklichkeit, und *Dissimulatio* als die naive Fragestellung über den fehlenden Sinn von Masse, ihrer Institutionen und Formen des Überlebens.

e) *Der versuchte politische Selbstmord.* Der Autor ist völlig entsetzt. Er willigt ein, daß ihn die Institutionen der versklavten Masse und der Macht bei seiner Destruktion buchstäblich „auf frischer Tat ertappen“. Die Macht seiner Aufopferung ist seine Ohnmacht zu überleben. Da er sein individuelles Recht verteidigt, das Recht auf das Berührtsein durch alles Unbekannte, in dem er den Sinn seines Schreibens entdeckt, liefert er sich einem unausweichlichen Martyrium, der Tortur, manchmal auch dem Tod aus. Prototypen sind Mandeljstam, Solschenyzin, Edvard Kocbek, wieder Havel, Vlado Gotovac, wie auch viele anonyme ehrliche Schriftsteller, zweifellos potentielle Größen des Schreibens, die in Gefängnissen, Lagern, psychiatrischen Kliniken, in inszenierten Verkehrsunfällen und anderen Formen des domitianischen Spiels mit Untertanen zugrundegegangen sind. Ihre Helden sind im voraus zum Tode verurteilte Leidende, eben Adepten des Josef K., die ihre Leidenschaft fürs Überleben, gleichzeitig ihre krampfhaften Anstrengungen, Individuen zu sein, manchmal mit dem Kopf bezahlen.

Das Gemeinsame an allen von uns erwähnten Formen ist, daß weder der überlebende zeitgenössische Autor noch seine Gestalten in den eben wie im Sturm vergangenen totalitaristischen Systemen einen „siegreichen“ Typus eines beispielsweise aufklärerischen Optimisten darstellen, nicht eine Variante also zu ihren europäischen Vorläufern bilden – etwa zu Goethe, Voltaire oder kritischen Realisten, die je nach der eigenen humanistischen Position zur Konfiguration europäischer demokratischer Tradition beigetragen haben –, sondern eine Variante zu einem, der „verkleinert zur Mikrobe“ überlebt, um den zeitgenössischen kroatischen Dichter Slavko Mihalić zu zitieren. Ein moderner Autor und seine mögliche Projektion, seine Romanfigur, verkörpern allerdings einen Antihelden: nicht etwa einen Antagonisten im Modell eines Propps oder Sourieaus, sondern einen Träger wesentlich antivitalistischer Eigenschaften, die es dennoch ermöglichen, daß der Mensch sich, zufällig oder nicht, „durchschleppt“ durch seine Zeit. So überlebt der, der aus List oder aus bloßem Zufall von der Masse verschont ist, um danach sagen zu können: „An diesem schrecklichen Spiel der Mordgier, an der gegenseitigen Bedingtheit von Masse und Macht nehme ich nicht teil; es soll sich, als meine Referenz, ohne mich abspielen.“ Wenn unsere Nomenklatur der Formen des Überlebens akzeptabel ist, so fällt sofort ins Auge, daß unsere Sicht durch die Froschperspektive bestimmt ist: mit dem allumfassenden Gesichtspunkt, aus dem die Geschichte nicht das Überleben eines Schwächeren ermöglicht, hat diese Perspektive nichts zu tun. Die Geschichte, das wissen mit Hegel ja alle, ist kein Raum des menschlichen Glücks. In ihr ist es unmöglich, allein mit dem Unbekannten zu bleiben, ohne dabei in eine Masse zu flüchten und eben das Unbekannte zum Motiv des Lebens und des Schreibens zu machen.

In Anbetracht des großartigen Canettischen Bildes vom Überleben eines Einzigen in der Geschichte des Flavius Josephus denken wir über eine einzige Möglichkeit nach, die unseren hierarchisierten Autoren das Leben erlaubt. Diese Möglichkeit erscheint als bloßer Zufall: jemand, einer unter vierzig Mitkämpfern des Josephus, mit einem Messer durchstochen, bleibt zufällig, schwer verletzt, am Leben. (Solche Geschichten sind nicht unwahrscheinlich, wie wir auch heute öfters sehen!) Er überlebte – um weiter zu fabulieren – dank einem ungeschickten oder zu schwachen Messerstich seitens des Nächsten, der überlebt, nur um wieder dem Nächsten zu unterliegen. Josephus konnte eventuell mit diesem Zufall manipulieren. Aber er überlebte nicht nur zufällig, er hinterließ uns außerdem auch seinen Bericht: seine *Geschichte des Jüdischen Krieges.*

Und, ganz am Ende, eine aporetische Frage: Bieten unsere Beispiele des überlebenden und überlebt habenden intellektuellen Baukünstlers einer möglichen Welt nur weiteres Material für das geschlossene System der Beziehungen zwischen Masse und Macht, oder könnten die Beispiele, durch möglicherweise neue und unerwartete Erscheinungsformen aus der neuesten Geschichte bereichert, als eine Reihe von Anomalien gelten, die das erschreckende Bild Canettis allmählich „von innen" zerstören und damit eine neue geistige Macht und Kraft Europas manifestieren? „Ich weiß nicht, ob ich weiß"[10], ob noch Zeichen und Wunder geschehen.

Anmerkungen

1 Elias Canetti: „Masse und Macht", Frankfurt am Main 1980, S. 249 – Die gesamte Problematik des Überlebens: S. 249–311

2 Elias Canetti: „Die Fackel im Ohr", Frankfurt am Main 1990, S. 119

3 Elias Canetti: „Das Gewissen der Worte", München–Wien, S. 9–22

4 „Masse und Macht", S. 310: „Er begnügte sich ohne Wehleidigkeit damit, für wenige zu schreiben, aber er war ganz sicher, daß in hundert Jahren sehr viele ihn lesen würden. Klarer und isolierter und ohne jede Anmaßung ist der Glaube an literarische Unsterblichkeit in modernen Zeiten nicht zu fassen. Was bedeutet dieser Glaube? Was ist sein Inhalt? Er bedeutet, daß man da sein wird, wenn alle andern, die zur selben Zeit gelebt haben, nicht mehr da sind."

5 Edgar Piel: „Elias Canetti", München 1984, S. 73

6 Im kroatischen Sprachgebrauch gibt es einen glänzenden polizeilichen Ausdruck: „rovariti". Er verbindet semantische Felder von „unterwühlen", „aufwiegeln" und „aufhetzen".

7 Über den einzelnen, der ja immer entsetzenerregend war, drückte sich der erwähnte Sprachgebrauch in einer euphemistischen Redewendung aus: „Einzelne und Grüppchen".

8 Über den Zusammenhang zwischen dieser Redewendung und unserer Gegenwart sehe man die Interpretation von Franz Schuh: „Blendung als Lebensform", im gleichnamigen Sammelwerk, hrsg. von Friedbert Aspetsberger und Gerald Stieg, Athäneum Verlag, Königstein/Ts. 1985, S. 29–44.

9 Zutreffender und in der europäischen Slawistik allgemein angenommener Terminus von Aleksandar Flaker.

10 Geistreiche Umkehrung der Worte Sokrates, die Václav Havel während des Besuches von Papst Johannes Paul II. in Prag gesprochen hat; rhetorisch fragt sich Havel, ob es noch Wunder gibt.

Die Macht des Dichters

Penka Angelova

In seinem Buch „Masse und Macht“[1] hat es den Anschein, als wolle Canetti aus der ganzen menschheitlichen Geschichte nur diese zwei „Triebe“ herauslösen und sie als Beweggründe dieser ganzen Geschichte darstellen. Die Sprache wird als Machtmittel in diesen Bereich mit einbezogen – Fragen und Antworten, Urteilen und Aburteilen, das Verschweigen, das Geheimnis. Und doch ist in diesem Buch ständig eine Gegentendenz zu spüren, die diesem Anschein widerspricht und die von der Gesamtstruktur des Werkes abzulesen ist und sich außerhalb des verbal Gesagten artikuliert. Diese Gegentendenz ist vielleicht mit jenem Zitat aus den „Aufzeichnungen 1942–1948“ am deutlichsten festzustellen, daß Canetti sein ganzes Leben als den Versuch ansieht, “die Arbeitsteilung aufzuheben und alles selbst zu bedenken, damit es sich in einem einzigen Kopf zusammenfindet und darüber wieder Eines wird. Nicht alles wissen will ich, sondern das Zersplitterte vereinigen.“[2]

Es ist bemerkenswert, daß Canetti in beiden Bänden nur einmal von einem Dichter spricht, nämlich, als von der Unsterblichkeit und vom Überleben die Rede ist – es ist die Rede von Stendhal. Doch diese Stelle hat einen besonderen Wert im Ganzen, sie steht am Ende des ersten Bandes, und die letzten Sätze, mit denen der erste Band endet und die hier als Motto vorangestellt werden, sind als ein eigenartiger Höhepunkt zu betrachten, an dem das „Machtnetz“ durchbrochen und eine Alternative angedeutet wird, die der Macht den Stachel nimmt.

Doch Canetti hat an mehreren Stellen und zu verschiedenen Zeiten in seinem Werk Bezug zum dichterischen Schaffen und zum „Beruf“ des Dichters genommen, indem er das in „Masse und Macht“ Angedeutete weiter ausbaut. In dieser Hinsicht betrachtet er als den wahren „Beruf“ des Dichters die Berufung, Hüter der Verwandlung zu sein, und zwar in einem doppelten Sinn: erstens als Aufbewahrer des literarischen Erbes der Menschheit, „das an Verwandlungen reich ist“[3] und das an die weiteren Generationen eben durch den Dichter hinübergereicht werden soll – dieser wirkt also als ein Hüter der humanistischen Menschheitstradition; auf der anderen Seite als ein „Horcher“, der durch „Einfühlung“ (E. 286), durch Verwandlung nämlich, die anderen in sich „erfährt und aufnimmt“ (E. 287), um sie in einem Werk weiterleben zu lassen, „die Zugänge *zwischen* den Menschen offen (zu) halten“, und der imstande ist, „zu *jedem* zu werden, auch zum Kleinsten, zum Naivsten, zum Ohnmächtigsten.“ (E. 286) Wichtigste Voraussetzung für die wahre Berufung zum Dichter ist ihm die Verantwortung des Dichters: „Daß man das Nichts nur aufsucht, um den Weg aus ihm zu finden, und den Weg für jeden bezeichnet. Daß man in der Trauer wie in der Verzweiflung ausharrt, um zu lernen, wie man andere aus ihnen herausholt, aber nicht aus Verachtung des Glücks, das den Geschöpfen gebührt, obwohl sie einander entstellen und zerreißen.“ (E. 290)

Zu dieser Art von Verantwortung gehört noch die Überwindung der Spezialisierung, Beschränkung und Spitzenleistung einer linear auf den Erwerb und auf das Zweckhandeln orientierten Machtwelt, „die alle Kraft an die kalte Einsamkeit der Spitzen wendet, das Danebenliegende aber, das Vielfache, das Eigentliche, das sich zu keiner Spitzenhilfe anbietet, mißachtet und verwischt, in einer Welt…, die bedenkenlos die Mittel zu ihrer Selbstzerstörung vervielfältigt…“ (E. 285) Canetti hat sich nicht das Programm von Ingeborg Bachmann stellen können: „Keine neue Welt ohne neue Sprache“[4], dazu war er viel zu sehr „Horcher“, an Verwandlungen reich, doch er hat, wie noch zu zeigen sein wird, aus der Übertreibung und der Negation der Machtstrukturen heraus die Strukturen jenes nichtlinearen Denkens angedeutet, das sich für ihn jenseits des sprachlich Artikulierbaren anbahnt, da Sprache in seinem Denksystem ja viel zu oft als Machtmittel mißbraucht wurde.

In diesem Umfeld kann Canettis ästhetische Auffassung vom Tod, von der besessen ihn fürchtenden und doch auf ihn zueilenden Menschheit und vom schöpferischen dichterischen Geist in jener Konstellation betrachtet werden, die das Ethos der Menschheitserhaltung trägt und den destruktiven Tendenzen des 20. Jahrhunderts mit seinen zwei Kriegen, der Atombombe, den totalitären Staaten und anderen inhumanen Erscheinungen Widerstand leistet: *Antrieb* des Geschehens bildet immer wieder die verblendete, durch die Triebe der Masse und der Macht regierte Menschheit, die in ihrer Vergänglichkeit sich immer wieder regeneriert und mit aller Macht auf ihre Selbstvernichtung zueilt. Den *Widerstand* bildet die dichterische Schöpferkraft, die durch Verwandlung und Bewußtseinserweiterung auch das Kleinste in sich aufnimmt, Verbindungen herstellt, Soziales umdenkt. *Ziel* des Geschehens ist die Überwindung des Todes durch den transnaturalen, transhumanen künstlerischen Akt, der im Dienste der Menschheit und ihrer Bewußtwerdung steht und einen neuen, nichtlinearen machtfreien Diskurs anstrebt. Dieses künstlerische „Programm“ können wir auch in den anderen Werken von Canetti finden, nur verschiedentlich modifiziert.

In Canettis Roman „Die Blendung“ ist der Mißbrauch der Sprache als Machtmittel eines der Grundmotive des Romans. Auf dem Niveau der handelnden Figuren ist die Sprache ihrer Originalität beraubt, sie hat keine kognitive und kommunikative Funktion mehr, sie ist zu einer Art „akustischen Maske“ erstarrt. Die verkümmerte Sprache ist bei Canetti ein Ausdruck der verkümmerten Persönlichkeit. Der Begriff der „akustischen Maske“ steht im Zentrum von Canettis Dramentheorie[5], und diese akustische Maske ist nicht nur ein Ausdruck der verkümmerten Persönlichkeit, sondern auch ein Machtmittel im Gefecht der Worte. Therese, die mit ihrem verkümmerten Wortschatz nie zu sprechen aufhört, ist im Gespräch mit dem beredten Georg Kien machtlos: „An den wenigen Worten, die sie sprach, gewann sie ihre Fassung wieder. Kaum öffnete er den Mund, war sie ihm von neuem ausgeliefert.“ Auch Kien versucht, durch die sprachlichen Wunschbilder Macht über die Wirklichkeit auszuüben, sie in ihnen zu bannen. In meinem Aufsatz „Canettis Roman *Die Blendung*“[6] bin ich auf den vielschichtigen Mißbrauch der Sprache als Kommunikation mit den Mitmenschen (mit der Gegenwart), mit der Tradition (der Vergangenheit) und der Zukunft eingegangen, um die totale Entfremdung als Voraussetzung für die Spaltung der Persönlichkeit aufzudecken. Hier möchte ich diesen dreifachen Mißbrauch deutlicher unter dem Aspekt der Machtausübung betrachten. Daß alle Dialoge in diesem Roman verkappte Monologe sind und daß das Aneinandervorbeireden nicht bloß als Mißverständnis, sondern als beabsichtigte Selbsterhaltung zu verstehen ist, ist längst evident geworden. Die sprachliche Vergewaltigung dehnt sich aber auch auf die Toten aus durch den Mißbrauch ihrer Tradition und durch die Inbesitznahme ihrer Gedankenwelt. Die Macht der

Überlebenden besteht vor allem darin, daß die Toten sich nicht mehr wehren können und wehrlos dem Mißbrauch unterliegen. Konfuzius wird zum Stifter einer „Gebrauchsehe", wobei gerade er sich gegen den Mißbrauch der Menschen als Mittel aufgelehnt hat, Buddha büßt sogar seinen Namen ein und wird zum weichgesprochenen „Puda", angehängt an den Heiratsschwindler, Herrn Grob.

Auch Christus und Odysseus bleiben von dieser Vergewaltigung nicht verschont. Kien wähnt sich in der Lage, „das Christentum auf seinen wahren Ursprung zurückzuführen" (Bl. 261), indem er die Menschenliebe/Nächstenliebe zur Bücherliebe umdeutet; bei der Umdeutung des Odysseus-Mythos betrachtet er die gesamte menschliche Tradition unter dem Gesichtspunkt des weiblichen Übels. Diese maskuline Vergewaltigung der Geschichte steht unter dem Zeichen einer totalen, die ganze Zeit-Räumlichkeit der menschlichen Zivilisation umfassenden Machtausübung. Auch die Zukunft wird in diesem sprachlichen Macht-Raum durch die Mißdeutung der Träume und durch das bewußte Übertragen von Wunschträumen deformiert. Wir können nicht David Roberts zustimmen, der Kiens Meinung von seinen eigenen Träumen übernimmt, daß sie sich „durch Klarheit und Genauigkeit auszeichnen". Kien zerlegt seinen Traum in seine Bestandteile, sucht eine psychologisch-rationale Erklärung in den Tageserlebnissen und in der Tageslektüre, verschafft sich aber dadurch in der vermeintlichen Klarheit eine noch größere Unklarheit und mißversteht die Mahnung, die an die Zukunft verstanden werden kann. „In seine Bestandteile zerlegt, verliert ein Traum seine Macht." (Bl. 40)

Durch die Machtausübung auf Gegenwart, Vergangenheit und Zukunft wird die ganze menschliche Existenz gefährdet, und die Macht erweist sich auf der Handlungsebene als Selbstzerstörungsmittel, als destruktives Mittel, das nicht nur gegen die anderen, sondern damit und darüber hinaus auch gegen sich selbst gerichtet ist.

Die Empfangsrede von Canettis Wiener Vermieterin, die in Thereses Kartoffel-Litanei erstarrt ist, die Angeberei des buckligen Chemie-Kollegen, die sich in Fischerles Wunschträumen transportiert hat, sie alle sind in dieses Bild der Welt eingegangen, das „das genaue Gegenbild jener Machthaber (ist), bei deren Tod ihre Umgebung mitsterben muß", sie alle werden „mitgenommen in jene Unsterblichkeit, in der alles wirksam wird, das geringste wie das größte." (M.M. 311) Und sie werden mitgenommen von einem Moralisten, dessen unabänderliche Gesinnung es ist, den Kampf gegen den Tod und gegen den Krieg in jeglicher Gestalt aufgenommen zu haben.

Canettis „akustische Maske" als Bestandteil seiner Dramentheorie hat auch noch eine dritte Bedeutung für seinen Roman – sie greift auch in die Erzählerrede ein, so daß man im Falle der „Blendung" von einer „Dramatisierung" der Prosa sprechen könnte, die durch die fluktuierende Erzählperspektive erreicht wird. Es gibt kaum einen Satz des Romans, der von der Sicht eines impliziten Erzählers als leibliche Präsenz gesprochen wird – den impliziten Erzähler als leibliche, räumlich feststellbare Präsenz gibt es nicht. In jedem Satz sprechen die Gestalten mit, wird die Welt aus ihren Augen dargestellt, selbst wenn die Perspektive innerhalb des einen Satzes mehrmals überwechseln muß. Es sei hier nur ein Beispiel aus dem Kapitel „Hosen" angeführt. Das Kapitel „Hosen" beginnt mit den Worten von Benedikt Pfaff: „Herr Professor! Das edle Streitroß bekommt seinen Hafer..." (Bl. 418) Ohne jegliche Einführung durch den Erzähler und gleich nach diesen Worten erfährt der Leser, daß das „die ersten Worte (waren), die Benedikt Pfaff, in seinem Kabinett angelangt, an den Professor richtete, der sich eben das vorgebundene Taschentuch von den Augen nahm." (Bl. 418) Auch der Leser hört zuerst die Stimme und „sieht" den Hausbesorger erst, als Peter Kien das vorgebundene Taschentuch von seinen Augen wegnimmt. Der Erzähler zeigt nichts mehr, als die Gestalt selber sehen kann. Doch die Perspektive wechselt von Gestalt zu Gestalt. „In kürzester Zeit richtete er (Benedikt Pfaff) eine Klingelleitung ein, die das Kabinett mit der Bibliothek im vierten Stock oben verband. Bei verdächtigen Fällen brauchte der Professor nur auf den Knopf zu drücken. Das Subjekt stieg ahnungslos die Treppe hinauf. Ihm entgegen kam seine Züchtigung..." (Bl. 419) Hier verraten Wörter wie „Kabinett", „Subjekt" und „Züchtigung" die Perspektive von Benedikt Pfaff. Sehr oft geht diese fluktuierende Personalperspektive in innere Monologe oder in indirekte Rede über. So ist z. B. das ganze Kapitel „Ein Irrenhaus" ein innerer Monolog von Georg, den man oft mit der Sicht des Erzählers verwechselt hat, was somit eine falsche Grundlage für die Deutung des Romans geschaffen hat. Georg vertritt nur eine Perspektive im „Tohuwabohu der geschiedenen Figuren", und wenn er auch durch seinen Beruf eine umfassendere Übersicht und mehr psychologische Erfahrung hat, so vermag er doch nicht, die Zusammenhänge der Krankheit seines Bruders einzusehen und ihm zu helfen, ja er gibt ihm sogar die Idee vom Brand durch den unglücklichen Vergleich mit der Liebe im Termitenstock. Im Text verweisen seine Gestalt und seine Worte auf die Psychoanalyse, und sie nehmen im Roman einen Platz ein wie in Canettis Auffassungen die psychoanalytischen Ansichten Freuds, zu denen er bezüglich seines Konfliktes mit der Mutter seine Einstellung ausdrücklich gezeigt hat. Georg vertritt nur eine der Fehleinstellungen im Roman und bringt seine Stimme in das Durcheinander der akustischen Masken ein, um die Situationen und die Menschen zu formen und zu verformen und Macht, wenn auch in einem heilenden Sinn, auszuüben; er ist der einzige, vor dem sogar Thereses Redestrom versiegt, der durch die Macht des Redens sie erotisch erregt und sie sogar für Sekunden ihre Habgier überwinden läßt, wodurch sie ihm ihr Sparbuch anbietet.

In diesem Durcheinander von machtbesessenen Stimmen hat die Stimme des Erzählers keinen Platz. Es ist kein Zufall, daß über die Hälfte des Textes aus Dialogen besteht und daß der übrige Text sich entweder aus inneren Monologen, indirekter Rede oder der fluktuierenden optischen Personalperspektive zusammensetzt. Dadurch enthält sich der Erzähler jeglicher beurteilenden, wertenden Rolle, erspart sich den deiktischen Gestus des allwissenden Erzählers und reduziert die Distanz zum erzählten Geschehen auf ein Minimum. Dadurch wird der Erzähler selbst in das Geschehen mit einbezogen, der Erzähler gibt keine Verweise in die Zukunft, aber auch keine in die Vergangenheit. Diese multiple optische Erzählperspektive erfüllt im Roman zwei wichtige Funktionen: auf der Inhaltsebene zeigt sie den Mißbrauch der Sprache als Machtmittel und führt zur unübersichtlichen „babylonischen Sprachverwirrung"; auf der operativen Ebene wird durch den Verzicht auf eigene Erzählerstimme in diesem Durcheinander von Macht- und Besitzdenken dessen Gegenbild in einem herrschaftsfreien Diskurs angestrebt.

Dieser Wechsel und das Fluktuieren der personalen Erzählperspektive unter den Gestalten hängt nicht nur mit Canettis Dramentheorie zusammen, sondern hat seine tieferen Wurzeln in Canettis Sprachauffassung und in seiner Theorie von der Macht. Wir haben am Anfang festgestellt, daß Canetti sowohl in seiner theoretischen Schrift als auch im Roman die Sprache als ein Machtmittel dargestellt hat. Durch die Einführung der Distanz zu den erzählten Figuren und durch die wechselnden akustischen Zitate hat er sich bewußt dieser Machtausübung entzogen. Er spricht das Urteil über diese Welt – mit der er nach seinem eigenen Vergleich mit einer solchen Haß-Stolz-Liebe zusammenhängt wie seine Mutter mit ihrer Familie – nicht verbal aus, er läßt sie selber ihr Urteil aussprechen. Er findet für die neue Welt noch keine neue Sprache. Doch indem er sie in ihrem Wahnsinn sich wundsprechen, kaputtsprechen und totsprechen läßt, spricht er auch *sein Urteil* aus. Im Sinne von Karl Kraus versucht er der prostituierten Sprache ihre Jungfräulichkeit wieder zurückzugeben.

Wir sehen, daß Canetti der verantwortungsvollen Mission des Dichters, seiner Aufgabe, die Polyphonie der Welt in sich aufzunehmen und in seinem Werk sprechen zu lassen, eine große Bedeutung beimißt. In seinem Essay „Der Beruf des Dichters" hält Canetti für eine der Hauptaufgaben des Dichters die Fähigkeit, ein immer offenes Ohr zu haben, die Stimmen der Welt in sich eingehen zu lassen, damit man aus dem Chaos, das die Welt anbietet, eine neue humane Ordnung heraushört. Auch das Drama „Die Hochzeit" ist ein Beweis für Canettis Glauben an die zerstörende und aufbauende Macht der Sprache, des Wortes. Eine der Hauptgestalten in „Hochzeit" heißt Horch, was auf Lauschen, Horchen, Abhören hinweist. Und das Drama selbst beginnt mit einem Prolog von fünf belauschten Szenen, deren Einheit nicht so sehr in dem einheitlichen Handlungsort besteht – die verschiedenen Zimmer eines Mietshauses der Vermieterin Gilz –, als im unstillbaren Begehren der verschiedenen Untermieter, durch Erbschleicherei, Betrug, Erpressung und andere Machtmittel in den Besitz des Hauses der einsamen Greisin zu kommen. Diese Szenen werden noch durch das einheitliche Kompositionsprinzip des Belauschens verbunden – sie spielen sich in der Abgeschlossenheit der Geheimtuerei ab und verraten sich nur dem offenen, hellhörigen Ohr des Dichters. So werden die Zuschauer zu „Ohrenzeugen" der Makel der Gesellschaft, sie geraten in die geheimsten Winkel, an die intimsten Triebe und Begierden, die zu keiner eigentlichen Handlung führen und mit der Haupthandlung des Dramas, mit der im selben Haus gefeierten Hochzeit, nur motivisch verbunden sind; ja diese Hochzeit stellt eigentlich auch den Höhepunkt dieses belauschten Reigens des Besitz- und Machtdenkens dar, in dessen Mittelpunkt dort der „Idealist" Horch steht.

Horch ist den Lastern dieser Gesellschaft nicht abhold, er ist ihnen sogar unterlegen, soweit sie in schöne Phrasen gekleidet sind. Er ist auch ein Teil dieser Gesellschaft, ihr „Idealist", wie ihn alle nennen, und wie er selber es gerne hört. Aber er ist der einzige in diesem Chaos von Widersprüchen und Begierden, in diesem „Tohuwabohu" der von den Triebfedern des Sexualtriebes und der Geldgier getriebenen Figuren, der ein *offenes Ohr* für die anderen hat, der in diese „babylonische Sprachverwirrung" hineinhorcht und das angeblich harmlose „Spiel" ausdenkt, das im Bewußtsein der handelnden Personen und in der szenischen Wirklichkeit ein echtes Erdbeben hervorruft. Dieser Horch wäre als Gegenspieler des verblendeten und für seine Umwelt taub gewordenen Kien und als der wahre Dichter par excellence zu betrachten, so wie ihn Canetti in seiner Broch-Rede 1936 gesehen hat: „Die Erhabenen sind gar nicht da. ...viele Blindheiten gehören dazu, um so weit weg zu sein, und das Recht, sich an allen Sinnen zu versperren, ist niemand abzusprechen. (...) Der wahre Dichter aber, wie wir ihn meinen, ist seiner Zeit verfallen, ihr leibeigen und hörig, ihr niedrigster Knecht. Er ist mit einer Kettte kurz und unzerreißbar an sie gefesselt, ihr auf das engste verhaftet..." (E. 12)

Das „ganz konkrete und eigentümliche Laster..." verbindet den Dichter Canetti „so unmittelbar mit seiner Umwelt, wie die Schnauze den Hund mit seinem Revier." (E. 13) Dieser Horch ist den ganz gewöhnlichen Lastern seiner Gegenwart verfallen, und sie verbinden ihn mit ihr, ja sie machen ihn noch hellhöriger, doch er hat auch den Mut, sich „gegen seine ganze Zeit" zu stellen (E. 15), „nicht bloß gegen Dies oder Jenes, gegen das umfassende und einheitliche Bild, das er allein von ihr hat..." (E. 15/16) Dies macht er durch seine einzige Frage, die er an alle und an die ganze szenische Wirklichkeit stellt: „Und Sie, was werden Sie für Ihr Liebstes tun?" Diese Frage, die sie am Anfang spielerisch und oberflächlich abzutun versuchen, ruft das Erdbeben im Bewußtsein der handelnden Figuren hervor, doch langsam greift das „Spiel im Spiel" über die Grenzen des Gespielten hinaus und geht in die szenische Wirklichkeit über, rüttelt an den Stützen der prästabilierten Ordnung, die zu wackeln beginnen. Die Wände des prästabilierten Hauses in der Gültigkeitsstraße, Besitz der Greisin Gilz, deren Name eine Ableitung dieser Allgültigkeit ist, dieses Baus, der vom vielversprechenden angeberischen Oberbaurat Segenreich als Symbol einer in Ober- und Unteretagen geteilten, einzig auf Besitz orientierten Gesellschaft entworfen ist – die Wände dieses Symbols für eine segensreiche prästabilierte Gesellschaft beginnen zu wackeln und stürzen ein. Doch der betrunkene eingebildete Oberbaurat läßt niemand hinaus, und eigentlich gibt es keinen anderen Ausgang als den Untergang. Und als das Messer dieses fiktiven Spiels schon das Leben der szenischen Wirklichkeit bedroht, zeigt es sich, daß jeder eigentlich nur sich selbst geliebt hat, daß der andere nur ein Objekt des Besitzes, der Begierden gewesen ist, daß diese ganze entfremdete und selbstentfremdete Gesellschaft im schnellsten Tempo dem Untergang entgegenstürzt; und im ganzen Taumel dieser im Untergang begriffenen Gesellschaft hört man immer wieder die Stimme des „Idealisten": „Gehen Sie, hören Sie, was werden Sie für Ihr Liebstes tun?" Diese Stimme ist es, die nicht nur das Erdbeben hervorruft, sondern auch die ganze Welt samt ihren Stützen zum Untergang verurteilt, selbst durch die einzige Frage, die über die szenische Wirklichkeit hinausgreift, in Bereiche wie „Machen", „Tun", „geliebtes Wesen", „Liebe", die für sie nicht charakteristisch sind. Die Hoffnung ist eigentlich jenseits dieser untergehenden Welt, sie ist in der Sinngebung dieses Aufrufes von Horch zu suchen, der als letztes Wort des Dramas parallel zum sinnlosen Ruf des Papageis ertönt.

Übernimmt dieser Idealist Horch eigentlich nicht die Verantwortung des Dichters in der Gesellschaft? Ruft er nicht durch das Spiel der Fiktion das apokalyptische Chaos, aus dem erst die Menschlichkeit und die Liebe wieder geboren werden müssen? Der wahre Dichter, schreibt Canetti im schon erwähnten Essay über den „Beruf des Dichters", „ist der Welt am nächsten, wenn er ein Chaos in sich trägt, doch fühlt er ... Verantwortung für dieses Chaos, er billigt es nicht, es ist ihm nicht wohl dabei, er kommt sich nicht großartig vor..., er haßt das Chaos, er gibt die Hoffnung nicht auf, es für die anderen und auch für sich zu bewältigen." (E. 288)

Die Macht des Dichters ist für Canetti auf die schöpferisch-zerstörerische produktive Macht des göttlichen Wortes zurückzuführen. „Wenn durch Worte soviel auszurichten ist – warum läßt es sich nicht durch Worte verhindern? Es ist gar nicht zu verwundern, daß jemand, der mehr als andere mit Worten umgeht, von ihrer Wirkung auch mehr erwartet als andere." (E. 282) Dies ist auch das Zurückführen des Dichters auf seine mythologische Bestimmung, wie ihn z. B. der Gott Schiwa, der unter anderem auch der Behüter der Künste ist, in seinem die Welt zerstörenden und sie wiederbelebenden Tanz symbolisiert.

Anmerkungen

[1] Elias Canetti: „Masse und Macht", Classen Verlag 1960. Im folgenden wird im Text in Klammern zitiert mit der Abkürzung (M. M).

[2] Wolfang Hädecke: „Methode und Schreibart von Elias Canettis ‚Masse und Macht'". In: „Canettis Masse und Macht oder Die Aufgabe des gegenwärtigen Denkens". Hrsg. John Pattillo-Hess, Wien 1988, S. 103

[3] Elias Canetti: „Das Gewissen der Worte. Essays," München Wien 1976, S. 283, im folgenden zitiert mit der Abkürzung (E.).

[4] Michael Benedikt: „Erweiterung und Verengung des Lebensraumes in der Massenzivilisation in Anbetracht von Canettis Analysen". In: „Canettis Masse und Macht oder Die Aufgabe des gegenwärtigen Denkens". Hrsg. John Pattillo Hess, Wien 1988 S. 24

[5] Gerhard Melzer: „Der Dichter als Hüter der Verwandlungen". In: „Literatur und Kritik", H. 177/178, September/Oktober 1983, S. 377

[6] Elias Canetti: „Die Blendung", Wien 1974, Sonderausgabe. Im folgenden zitiert mit der Abkürzung (Bl.)

Träger der Eliten: Organisatoren von Massen oder gezähmte Vampire?

Michael Benedikt

I. Vorbemerkung: Organisationsmacht und parasitäre Aneignung von Abfällen.

Wir stehen angesichts des Werkes von Elias Canetti, besonders aber seines bisher von „Masse und Macht" publizierten, vor einer Verlegenheit: Dort, wo Canetti das eigentümlich Humane aufsucht und dabei die defizienten oder gar perversen Massenphänomene angesichts der Genealogie von Macht und Gewalt dechiffriert, greift er meist auf sogenannte primitive Syndrome des Mensch-Tiervergleiches zurück, ganz zu schweigen von physikalischen, chemischen, biologischen Analogien. Wüßte man es nicht besser, möchte man ihn dort wie da fast als Parteigänger der vergleichenden Verhaltensforschung eines Lorenz, Gehlen oder Eibl-Eibesfeldt ansehen.

Und dort, wo er Syndromen des *Überganges* von totalitären Machtformen in strukturelle Gewalt der posttotalitären Gesellschaftssysteme nachgeht, wie etwa in den knappen, wenn auch treffenden Analysen zum Nationalsozialismus, Erwähnungen zum Stalinismus, in Beispielen aus traditionalistisch-reaktionärer Politik oder selbst zu den mechanistisch fixierten Manipulationsapparaten der westlichen Demokratien in ihrer bürokratisch-kapitalistischen, in ihrer technokratischen Verflechtung: da werden in der Analyse von Gebrauch und Mißbrauch von Macht die Beispiele karg, lassen aus oder können sich eben nicht mit den ethnographischen Befunden archäologisch rezensierter Anthropina sättigen. Methode und Analyse in „Masse und Macht" zur Massenpsychologie, zur Soziologie strukturell differenzierter Gesellschaften als auch zur politischen Ökonomie scheinen in Anbetracht der neuen gesellschaftlichen Konstellationen im letzten Drittel dieses Jahrhunderts nur wenig zu greifen.

Nun könnte es jedoch sein, daß gerade im *Übergang* von gewaltgeteilten und vielfach unbemerkten gewalttätigen Manifestationen von Autorität in *neue* gesellschaftliche Strukturen sich unerwartete *Auflösungsprozesse* zeigen: Auflösungsprozesse, welche mit *brutalen Frühformen* von zivilisierten Gesellschaften im Verhältnis von Herrschaft und Masse *unerwartet übereinstimmen.*

Plötzlich also brechen Revierbesitzansprüche, ständische Herkunfts- und Kastenprivilegien, brechen Nationalitätenhaß, Rassenantagonismen, brechen Sprachchauvinismen, ja sogar Religionsdivergenzen zu unerwarteten, fast kannibalisch gesteigerten Massenkonflikten wieder auf, wo die Gattungsgeschichte längst darüber hinweggeschritten schien. Und dies nicht nur im Auseinanderbrechen von totalitären Gesellschaften, sondern oft auch im Zeichen christlich orientierten oder liberalistisch gefärbten Ideologien der Gesellschaft von Individualpersönlichkeiten.

Doch ebensowenig, wie wir doch *ja* nicht der Versuchung anheimfallen dürfen, aus Canettis strukturalistischer Deskription der Machtsyndrome in jenen ethologisch frühen

Sozietäten seine eindeutige Wertschätzung für diese oft schreckenerregenden Lebensformen herausfiltern zu wollen; ebenso wenig können wir seine Affirmation gegenüber dieser neuen posttotalitären Unmenschlichkeit in Form von Pogromen herauslesen. Haben wir demzufolge aus dieser Aporie die geniale Konzeption Caettis der fruchtbaren Weite, des fruchtbaren Bathos der Masse, Ärgernisse namentlich für jene, die Autonomie mit Autarkie verwechseln, fallenzulassen? Haben wir uns dem Ärgernis gegenüber der Verwechslung von Masse und Vermassung anzuschließen und uns der sogenannten „Autonomie" der Emanzipierten zuzuwenden, wie dies aus den Ausführungen von Herrn Fetscher folgt? Oder haben wir die Verwechslung von Autarkie und Autonomie mitzumachen, wie uns dies das Rezept der Überwindung von Vermassung durch Herrn Pestalozzi nahelegt? Wo es doch Canetti viel eher darum geht, Autonomie der reifen Persönlichkeit im ausdrücklichen Gegensatz zu bloßer Autarkie und ihrer Ideologie von Selbstverwirklichung so zu begreifen, daß daraus als defizienter Abfall von produktiver Masse erst Vermassung einsichtig wird.

Demnach sollte vielmehr eher zuerst einmal die *Ambivalenz* der Massenstrukturen, zumal ihr kreativer und ihr destruktiver Charakter, aus Canettis Darstellungskraft einen Hinweis auf Umstände unserer Zeit vermitteln können. Und sollte Canettis Phänomenologie der Perversionen von Masse – die Pestalozzi eben sehr treffend mit Vermassung kennzeichnet - nicht vielmehr imstande setzen, die Strukturen der beginnenden Verfallsphänomene der Informationsgesellschaft im Hintergrund der Gesellschaftsformen abstrakten Tausches, abstrakter Verwaltung als Bürokratie, abstrakter Wissensanwendung als technische Manifestation des Besitzstandes festzuhalten als sie in hybrider Vermengung von Masse und Vermassung zu verlieren? Und sollten diese neuen Aspekte einer Gegenbewegung, also Kristalle des Widerstandes inmitten dechiffrierter Massenphänomene, nicht doch endlich erst Einsicht in *nicht pervertierte* Massenstrukturen vermitteln und begünstigen?

Und liegt in der Verdrängung jener neuen Belange der Humanität im Zeichen bloß abstrakter Gesellschaftlichkeit, welche diesen Umkehrtrend Canettis übersieht, nicht zugleich auch ein Indiz des Beginnes einer ungeheuren Zweiklassengesellschaft, deren Gewalt sich noch in der Doppelstruktur der Vermassung der *neuen* kapitalistischen, also staats- und kartellkapitalistischen Populationen im Norden, also Eurasien zusammmen mit Nordamerika, gegenüber den jetzt und künftig Depravierten der zahllosen Massen im Süden, unmenschlich herauszuschälen beginnt?

Was sind das für Unmenschlichkeiten? Vaclav Havel, der zu kurz an der Macht ist, um von dieser womöglich schon korrumpiert zu sein, hat diese in einer Arbeit aus dem für ihn noch gefährlichen Jahr 1985: „The Power of the Powerless"[1] im Andenken an Jan Patocka zu analysieren versucht. Im Anschluß daran kann man einige Gesichtspunkte der Unmenschlichkeit, wie sie aus der Perspektive der Dissidentensituation und dem Gespenst anonymer bürokratischer Machtsteigerung der achtziger Jahre noch verzerrter aussehen, festhalten:

Zunächst ist es das Zusammenspiel des Materialismus der Armut mit dem Materialismus des Überflusses, welches die Initiativen zu alternativen Wirtschaftsformen lähmt, zugleich dieser Lähmung im wachsenden Drogenkonsum Ausdruck verleiht, Lust und Stärke zur Integration gelungenen gemeinsamen Lebens in der Fruchtbarkeit der Masse verhindert.

Zweitens ist es eklatanter Mangel an Geschichtlichkeit und dessen kritischem oder monumentalischem oder archivarischem Geschichtsbewußtsein, gleichviel, welcher die uniforme Gleichgültigkeit unseres Lebens- und Konsumverhaltens im Zeichen nuklearer Aufrüstung und technologisch gesteuerter Informatik bedingt. Daran würde sich auch nichts änderen, wenn sich russisches Essen, russische Mode, russische Sprachwendungen im Gegenzug zu den Quickfoods, den Bluejeans, dem Slang in der *westlichen* Hemispäre durchsetzten. Das Bunte und geschmacklich Vielfältige des südlichen massenhaften Konsumierens fällt dagegen immer noch wohltuend auf und läßt sich nicht so vermassen wie die Geilheit selbstgenügsamen Konsumdiktates.

Drittens ist es der universelle Mangel jener Verschwendungsgesellschaft, die den Kreislauf der Wiederverwertung der Abfälle noch nicht in die eigene Energie-Bilanz einbeziehen konnte und deshalb den erhöhten Raubbau- und Abfallpegel im eigenen oder fremden Territorium konzedieren muß. Ohne geniale Wechselbeziehung von Gebrauchs- und Tauschstrukturen, den Abfall betreffend, werden wir deswegen bald als Eisberg der von uns kreierten Favelas leben. Unsere Nachkommen erst werden von diesen eingeholt, wie wir erst ahnen, noch nicht wissen.

Und viertens ist es der hohe Passivitätsgrad der verwalteten posttotalitären Gesellschaften, der zu dominant ist, um im Westen zuzulassen, die versteinerten Parteidemokratien durch politisch starke Räte aufzubrechen, oder aber im Osten die petrifizierten Räte durch eine plastische Parteienlandschaft zu befreien.

Überfluß gegen Armut, Geschichtlichkeit gegen Mode, Phantasiemangel der Ausbeutungsgesellschaft gegen Mangel an Strategie, resignierte Passivität der verwilderten Welt im Niemandsland zwischen in Ketten gelegter Natur und geschwisterlicher Lebenswelt: Wie sich in all den vier Blockaden das fruchbare Bathos der Masse selber verhält, dies ist im Durchblick durch Havels früheren Optimismus unser Thema.

Daß nun Havels Aufruf zu politischem Handeln der Macht der Machtlosen im Gefolge der Charta 77, daß sich die Aufrufe der in sich gebrochenen Solidarnosc, der ungarischen Liberalen gegen die Unmenschlichkeiten der Massenphänome, selbst Anlaß zu einem veritablen, ausgeprägten posttotalitären Massenphänomen in Ostmitteleuropa wurde, zu einem höchst ambivalenten „Massenkristall" – man denke an die legitimistischen Ratgeber – ist bisher noch nicht hinreichend erforscht.

Daß diese Aufrufe aber Appelle gegen die defizienten Massenphänomene der posttotalitären Gesellschaft waren, ist immerhin bemerkenswert. Allerdings bedarf es hierfür der Einsicht eben in die Ambivalenz der sich neuerdings ballenden Massen völlig heterogener Herkunft: Wenn sich etwa im Zuge des Personenkultes des Papstes, mit nationalem, religiösem oder befreiendem Hintergrund, Massen „zähmen"[2] und somit organisieren lassen und unmittelbar darauf dieselben Massen öffentlicher Protestbewegungen sich zum Aufstand gegen Privilegien-Gemeinwirtschaft als pervertierte Planwirtschaft umgruppieren und gegen fortdauernde bürgerliche Unfreiheiten, gegen Hunger, gegen Bevormundung durch Militärkontrolle, schließlich zum „ Aufstand gegen die Masse"[3] umkippen, dann ist dies ein Phänomen, das Canetti schon zur Beschreibung vom „Umschlag der Meuten"[4] vorgestellt hat, ohne es allerdings auf den Übergang in die posttotalitäre Gesellschaft anzuwenden.

Es ist also noch nicht eindeutig, was mit der „Macht der Machtlosen" angesichts der verheerenden Technologien, angesichts der kapitalistischen Marktwirtschaft, angesichts der Gewalt der Bürokratien, angesichts der Informationsmonopole nun wirklich geschieht. Bilden sich nun neue Eliten, deren Autoren wir ebensowenig kennen wie die von Havel als posttotalitär bezeichneten ? Ist die Struktur solcher Eliten schon klargelegt, *ob sie nämlich in aller Öffentlichkeit Mitmenschlichkeit wohlausgewogen organisiert* oder ob sie nicht vielmehr aus deren ständiger *Begleiterscheinung* , nämlich aus dem immer schon in jeder Organisation, auch Selbstorganisation, erzeugten Abfall, zugleich auch das Parasitäre, den Moloch, die lautlose Krake, den Vampir züchtet?

Oder gehören nicht Organisation der sogenannten autopoetischen Massen zur Manifestation von Mitmenschlichkeit *einerseits* und parasitäres Übergreifen von deren Abfall in ihre eigene Substanz, also Vampire der Organisation selber *andererseits*, viel enger noch zusammen, als wir uns dies für gewöhnlich auszumalen vermögen? Gibt es hierzu eine Carl Schmidt'sche Disjunktion, an der sich die Organisation zur Mitmenschlichkeit, aus der Masse heraus, eben nicht vom parasitären Vampirismus angesteckt findet und diesen vielmehr eindeutig als den Gegner, den Feind entlarven und distanzieren läßt?

Die vielfachen Facetten des Syndroms, vom Opponenten bei dessen Bekämpfen durch Übertragung infiziert zu werden, sind bekannt und soziologisch oftmals analysiert. So wäre es also viel schwieriger, dem Perversen zu widerstehen, als man dies gemeinhin meint. Gibt es im Sinn Canettis also jenes Befreiende der fruchbaren Ausdehnung und Differenzierung der Massen, das uns aus jener vampiristischen Übertragung holt?

Aus diesem Frage- und Problembestand hat sich also zu Canettis Verhältnis von Verwandlungsverboten und Befreiungsversuchen das Thema herausgeschält, welches die Behandlung in einem Vortrag nahezu überfordert, also eine Überlegung zu „Träger der Eliten: Organisatoren von Massen oder gezähmte Vampire?“

II. Verwandlung und Entwandlung in Reichweite der Macht

In seiner Analyse zur „ Verwandlung“, also der dem *Menschen* am meisten zur Macht gegeneinander und gegenüber anderen Geschöpfen *offenstehenden* Fähigkeit, unterscheidet Canetti einerseits von den primitivsten Formen der Jagd- und Fluchtverwandlungen und den krankhaften Verwandlungen in Fieber, Hysterie, sowie in Neurosen und Psychosen, die mehr beabsichtigten maskierten Formen von Anpassung und Überholung; anderseits die des Totemismus hier und des Verbrechens da. Sowohl Komödie als auch Tragödie zeigen nun jene Fähigkeiten und Kapazitäten auf, die mit Verwandlung und Entwandlung verbunden sind, die ihrerseits aber noch von denjenigen Entwandlungen und Verwandlungen zu unterscheiden sind, die im Ritual und Kultus sowohl der Feier- als auch der Klagereligionen stattfinden. So setzt, wie etwa im christlichen Glauben, das zentrale Sakramental- somit Verwandlungsgeschehen der Ehe oder des Abendmahls, der Konfirmation oder der Totenfeier, wie der Tauf- als auch der Bußinitiation, also ganz spezifische Formen der Entwandlungen voraus.

Man möge hier jedoch im Verständnis von Verwandlung Vorsicht walten lassen: Die zuvor vermerkte Ambivalenz von kultischen Festmassen und Hetzmassen läßt sich z. B. an jenem kultischen Ereignis des Hängens jenes fabelhaften Hauptmanns, des Ritters von Hebenstreit einsehen, der am Glacis zwischen Rathaus und Votivkirche, also etwa am heutigen Universitätsgelände, von zwei Drittel der damaligen Wiener Bevölkerung als kultisches Massenopfer der Beendigung der Revolution im Jahre 1794 dargebracht wurde. Von seiner Seite hat er immerhin dem gebildeten Publikum sein Lehrgedicht Homo hominibus[4], dem gemeinen Volk mittelbar sein Eipeldauer Lied hinterlassen. Am Verhältnis dieser kultischen Massendemonstration zu ihren Zuschauern läßt sich auch die inhärente Machtsteigerung und das Gerede der Vermassung ablesen, welche eben von keiner produktiven Gegenbewegung begleitet war und deshalb zu keiner Kristallisation führen konnte.

Diejenige Machtsteigerung, welche aber Autorität mit Initiation der Ausschließlichkeit von Verwandlungs-(und Entwandlungs-) ritualen verbindet, wie z. B. die der Priester- oder Patriarchats- oder Herrscherkaste, hat nach Canetti einige zentrale Dimensionen gesellschaftlichen Lebens in Verwahr: vor allem regulierte Verwandlungen, regulierte Entwandlungen. Die verbotene Verwandlung betrifft demzufolge auch religiöse Sanktionen, wie etwa in sogenannten primitiven, oder aber in Hochreligionen; der Exorzismus sei hier als von Canetti mehrfach erwähnter Brauch mit Bezug auf eine pointierte Gefährdung angesprochen. Diese Gefährdung religiöser, sexueller, gesellschaftlicher Art trete angesichts der Dechiffrierung von Autorität (also Machtsteigerung und Vermehrung) ein, welche sich in der Macht der Organisation von Massen *hier* und der Gewalt des parasitären Sichaneignens von Abfall-Chaos *da* eine *Übermacht* zugeeignet habe.

Wenn nun in archaischen Gesellschaften die Formen institutionalisierter vertikaler Arbeitsteilung manifest werden, zwischen Meisterverwandler als Meistverwandler (in Gestalt des Schamanen) *hier* und dem Hierodynasten als unbewegtem Beweger *da*, so ist derartige Arbeitsteilung selbst noch in Hochkulturen, auch noch in spätindustriellen komplizierten Parteienlandschaften anzutreffen. Verwandlungsverbot (mit Bezug auf Privilegien, gesellschaftliche, berufsständische Tabus und Kartelle) ist jedenfalls Anzeichen einer sich steigernden Ballung von Machtstrukturen, die ihrerseits in den Sog der oben angezeigten Amphibolie von pervertierter Masse im Übergang von posttotalitärer Herrschaft in neue, gefährdete Gefüge eintreten. Dies erfordert nun eine differenziertere Analyse von Formen der Machtsteigerung, auch in Anbetracht derjenigen Bedingungen von Widerstand, aus denen sich erst Macht in Gewalt und, nochmals gesteigert, in Formen der Einholung von herausgeforderter Gegengewalt in differenziertere Gewaltenteilung entwickeln konnten: Erst die vielfältig sublimierten Verwandlungsverbote innerhalb der institutionalisierten Gewaltenteilung führen zu jenen Massenstrukturen, mit denen wir es angesichts des Überganges in posttotalitäre Gesellschaften zu tun haben.

III. Die Steigerungen von Macht in Gewalt

Im Anschluß an Canettis Analysen zu Macht und Überleben sind einige Fragen zu klären:

In seiner Analyse zu Canettis „Das Gewissen der Worte“[5] und in Anbetracht von Canettis Differenzierung von Macht und Gewalt hat Heinrich Popitz im Rahmen seiner Untersuchung „Phänomene der Macht“ die Steigerung der Gewalt gegenüber der Masse, besonders mit Bezug auf fortschreitende Abstraktion der Gewalt, teils als eingeschränkt, teils als noch erweiterbar aufgewiesen: So sei der Tod zwar zunächst, wie man traditionellerweise meinen könnte, die absolute Grenze der Gewalt; doch die Stilisierung der Gewalt nach dem Tod, also gegenüber dem Namen, den Erben, dem Eigentum, der Manifestation des Geistes, alles versammelt im Leichnam des Toten, den Raubvögeln zum Fraß, das sei nochmals dem Rituale der höchsten Majestät des *reduplizierten Überlebens* der in Gewalt transformierten Macht ausgesetzt, wie aus der Ilias bis zu den Suizidverboten der autoritären Gesellschaften [6] erhellt: die Geschändeten sind nicht einmal Herr ihres eigenen Todes, noch auch ihrer Würde nach dem Tode, sie sind endgültig unverwandelbare Perversions-Masse; und ist es mit der Entwürdigung immer noch nicht genug, dann tritt, wie Popitz zeigt [7], die Drohung des Verwandlungsverbots gegen die Hinterbliebenen in Kraft.

Wer sind aber die Träger der Eliten auch noch im Übergang zur posttotalitären Gesellschaft angesichts der Überschreitung des Verlustes der Würde, der Steigerung der Schande? Sind sie identifizierbar, sind sie anonym? Es klingt Arnold Gehlens Beschreibung, wenn er die widerspruchgeladene Konstitution von Eliten feststellt, indem er an Platon anknüpft, unerwartet naiv: „Es sollten Einrichtungen derart getroffen werden, daß auch wirklich die Besten in diese regierende Gruppe hineinkommen… Eine solche Forderung kritisiert also doch indirekt die bestehenden Einrichtungen, und das sind… die demokratischen Auslesevorgänge, durch die jene regierende Gruppe rekrutiert wird."[8] Und mit Bezug auf das Verhältnis von Massenorganisation und Eliten fährt Gehlen fort: „Ein Eliteanspruch muß also stets durch eine Askeseforderung legitimiert sein, oder er dringt nicht durch… Die Dekadenz von Eliten kommt immer auf dem gleichen Wege zustande – indem sie sich schließen und nun die Vorteile und Vorrechte, die ihrer Position mit Recht und solange unbeneidet zukommen, als sie Vorbild bleiben, indem sie diese Vorteile in engem Kreis monopolisieren… Dann pflegen die Füße derer, die sie heraustragen werden, schon vor der Türe zu stehen."[9]

Nun zeigt aber Popitz, selber um Max Weber raffinierter als Gehlen, daß die Erringung des Status der Elite- Position schon jene Momente impliziert, welche Gehlen erst der Dekadenz zumutet. Welche Momente der Machthaber also in Gewalt übergehen, dies zeigt uns Popitz, Canetti weitgehend folgend, in einigen methodisch vorbildlich gestaffelten Schritten, die hier zu verfolgen sind:

1) Erstens dreht es sich um zunächst nicht wiederholbare, also *sporadische* Macht; diese kontrastiert mit *Wiederholbarkeit* von Machthandlungen, und ihrer Ausweitung der Bewegungs-, somit Verwandlungsunfähigkeit der Übermächtigten: jedenfalls muß der Machthaber in wiederholter Durchsetzung von Machtmitteln, zugleich Fixierung *relativer Immobilität* der je Anderen über *sporadische Macht* hinauskommen, um Macht nicht bloß *walten* zu lassen, vielmehr ausüben zu können.[10] (Den Umschlag von relativer Immobilität in erzwungene relative Mobilität möchte ich hier nicht untersuchen.)

2) Zweitens handelt es sich um *normierende* Macht, indem Anerkenntnis durch *Ersatzformen* von Todesdrohung, nämlich den verallgemeinerten Befehl, die darin zur *Masse Gewordenen* stabilisiert und zu vorausberechenbaren Leistungen gemäß Übungshandlungen fügsam macht. Die Formalisierung der Normierung ist zugleich mit Entpersönlichung, mit Stellvertretung und Integration der so Normierten verbunden.[11]

3) Schließlich strukturiert die überpersonale Machtstellung das Gefüge der solcherart Normierten; Aus der Geringzahl der Herrschaftsausübung wird eine Mehrzahl. Nachfolge-Regeln sollen demnach die *Auf-Dauer-Stellung* der Positionalisierung gewährleisten und

die damit begründete Klassen- und Arbeitsteilung institutionell aufeinander einstimmen und einrichten.[12]

4) Als nächste Stufe gelten solche Verbindlichkeiten der Positionsgefüge der Herschaft, also Herrschaftsapparate, welche die Machtinstitutionalisierung im Gefüge und Gerüst nicht nur innerhalb, sondern auch außerhalb, also dem Feind gegenüber, zu kontrollieren vermag: Verwandlungsverbote dynamisch so zu treffen, daß Störfaktoren entsprechend dem System ausgeschaltet sind. Diese Expansion der Macht in Gewalt ist nun nahezu immer mit der ausdrücklichen Manifestation in Gebietsherrschaft verbunden.[13]

5) Die fünfte Stufe manifestiert sich in der *Veralltäglichung* von Herrschaft, also der schon von Max Weber bedachten und analysierten außerordentlichen Monopolisierungserfolge zentraler Gebietskontrolle als „Veralltäglichung zentrierter Herrschaft": das bedeutet nicht unbedingt eine pauschale Zunahme an Konformität. Das Neue ist eher mit Begriffen wie „Dominanz des Rechtes" zu erfassen, „ Instanzenorientierung" und der Spannung zwischen „Entmachtung und eben auch angeblicher und nachvollzogener" Entlastung" des „einzelnen".[14]

Durch die Durchsetzung zentraler Herrschaft im Alltag, also nicht mehr Macht als Souveränität in der Ausnahme, ist nun Maximum und Erfüllung der Institutiionalisierung von Macht, wenn auch noch ohne ausdrückliche Einholung von Gegenmacht, als Gewalt, konkretisiert.[16]

IV. Eliten im Übergang: Glorifizierung, Indifferenz und Technokratie der Gewalt

Wie sehr nun der Leviathan, „the man-made god", auch die Einbindung des Einzelnen mit Verwandlungsverbot gegen diesen Einzelnen, gegen die Kraft der auf Auflösung der Masse ausgehenden Dialogizität, also Herrschaft auch gegenüber Gegenbewegung, unter seine Souveränität bringt, liegt in der bloß totalitären Form offiziell nicht vor, ist Gegenstand schon des Überganges in nachtotalitäre Gewaltausübung angesichts der Ohnmacht der privatsprachlich- dialogischen Verhältnisse zur öffentlichen Macht als Gewalt. Da nun die zu dauerhafter Macht inklinierende Gewaltausübung zugleich die Instanz des Verwandlungsverbotes darstellt, ist diesem, als Charakteristikum der Herausbildung von Eliten, nachzugehen.[17] In diesem Zusammenhang geht es jetzt nochmals um Popitz' Canetti-Deutung: Zum Schutz der Herrschaftsgewalt aus eigenen und deshalb immer auch angemaßten fremderen Mitteln, der „gegenüber alle geschichtlich erprobten Mittel der Gewaltbegrenzung versagen",[18] werden von ihm drei Momente herausgezeichnet. Diese laufen der „Begrenzung institutionalisierter Macht und Gewalt" entgegen.[19] Hier zeigt sich nun die Aporie, daß „jede Begrenzung institutionalisierter Macht und Gewalt …selbst wieder begenzt werden (muß) durch die Begründung von Gegenmächten und Gegengewalten. Eine prinzipiell gewaltfreie Methode (sei) frommer Traum. Der Teufelskreis der Gewaltbewältigung bildet sich zwangsläufig immer von neuem."[20]

Canettis Utopie der Befreiung der Herren durch die fruchtbare Masse der Sklaven wird also von Popitz, ob zu Recht oder Unrecht, ob in Kenntnis der Methodik des gewaltfreien Widerstandes der produktiven Massen von Ghandi bis Mayr- Goss oder nicht, methodisch fallengelassen. Worin besteht nun die Steigerungs- und Konzentrationsform von Gewalt gegenüber Macht, wenn man einmal von Canettis Tiervergleich des Katz-und-Maus-Spiels – im Spielraum der Macht gegenüber dem Eingreifen von Gewalt – absieht.

Zunächst strebe alle Macht und Gegenmacht nach Legitimation. Gewalt ist also schon Vorform und Manifestation von legistischer Macht.[21] Die Glorifizierung des Gewaltaktes gilt als Manifestation der Erwählung. Deren Verbindung mit bestimmten Formen von Rhetorik ist zu beachten. Glorifizierungen dieser Art schreiben sich zugleich immer monumentalische Geschichte je früherer Befreiungen: Gewalt als Zerschlagen von Herrschaft, als Ablösung von Machtkonflikten, als Akt der Befreiung.

Darüber hinaus manifestiere sich, zweitens, Macht ausdrücklich als Gewalt, und zwar durch Nichtanerkennung der Leidensfähigkeit der Gegner, der Opponenten, der Unterworfenen. Die Indifferenz-Haltung nach außen ist auch technisch-instrumentell weitgehend durchorganisierbares Bindemittel für die jetzt ausdrücklich Zugehörigen. Die affektive Dominanz nach innen ist mit der instrumentell versachlichten Distanz nach außen verbunden. Die spezifischen Variationen der Außen- und Binnenverhältnisse gehören zur Variationsfähigkeit von Gewalt.

Doch erst wenn als entscheidendes Moment jener strategischen Geschlossenheit die Überwindung geschlossener Handelsgesellschaften durch Manifestation wechselseitiger Bedürftigkeit als Infragestellung der Vernetzung der Befehlsgewalt auftritt – Popitz hat sich mit dieser Dimension weniger befaßt, – ist der primäre Umstand der affektiven Indifferenz zumindest indirekt sistierbar.

So bringt drittens der Tausch mit sonst Ausgeschlossenen somit eine ganz neue Qualität von Weltklugkeit und sublimierter Herrschaftsdominanz mit sich, welche sich ihrerseits von der zuvor angesprochenen technischen Intelligenz eindeutig unterscheidet.

Jener Intelligenz, ihrer Effizienzsteigerung, an der Grenze zwischen instrumenteller *Über*steigerung und möglicher Selbstvernichtung der Populationen, kommt – abgesehen jetzt von der ökonomischen Intelligenz –, viertens, die Funktion der Verbindung zwischen Glorifizierung und Indifferenz zu.: „Glorifizierung und Indifferenz fördern sich wechselseitig; ebenso erleichtern Glorifizierung und Indifferenz die Bereitschaft zum Einsatz technischer Gewaltmittel, und die Technisierung der Gewalt wirkt auf beide Haltungen zurück.“[22] Darin steigere sich aber nach Popitz die Selbstüberbietung der Vernetzungsmöglichkeit.

Nun scheint es, daß die Einfügung des Tauschverhältnisses, seiner konkreten, aber auch schon abstraktifizierten, selbst abstraktesten Formen genau die fest geschlossene physiokratische Einheit, welche der Gewaltform der Eliten eigentümlich ist, zwar anscheinend unterstützt, sie zugleich jedoch unterwandert. Herrschaftsformen und Wirtschaftsformen lädieren einander *prima vista* nicht.

In welcher Weise jedoch – fünftens – gerade die Normierung, Positionalisierung, Technisierung unter Einbeziehung von merkantiler Gewalt eine vollends neue Herrschaftssituation enstehen läßt, ist zunächst aus der Analyse von Popitz nicht einsichtig. Vielmehr gelangen wir damit an den Punkt, die Selbstorganisation von Herrschaftsverhältnissen in ihrer Einbindung der wechselseitigen, dialogbestimmten Relationen geradezu als Organisation der humanen wechselbezüglichen Organisationen von Tauschverhältnis und Wirtschaftsform ansehen zu können. Der Übergang vom Physiokratismus zum Merkantilismus hatte schon zwei Jahrhunderte zuvor einen Vorgeschmack dieser Struktur angezeigt.

In diesen Wechselbezug wird jedoch – sechstens – unvermerkt diejenige Gewalt einheimisch, welche als parasitäre sich der Abfälle des Organisierten, also der technischen Wirtschaftsmacht, so bedient, daß in der Indienststellung des Abfalls der Organisation unserer Wechselverhältnisse sich erst das Vampirische der Machtkonzentration zeigt: Macht hat sich namentlich bei Einbezug abstrakterer Tauschrelation und Verflechtung zur Gegenmacht abgegrenzt. Doch auch das Ausgegrenzte steht im Zeichen der uns schon bekannten Tatsache, daß „ jede Begrenzung institutionalisierter Macht und Gewalt (... selbst wieder begrenzt werden (muß) durch die Begründung von Gegenmächten und Gegengewalten."[23]

Diese Konstellation der Gewaltmanifestation wird – siebentens – im Zeichen totalitärer Herrschaft, der Tendenz des Zusammenwachsens der politischen wie der wirtschaftlichen Dominanz, bei aller Zuwachsfülle verselbständigter Massenproduktion jedoch immer „unmenschlicher", zugleich anonym. Der Mensch-Tier-Vergleich in Anbetracht des großen Leviathan, das Übertier, „the man-made god", greift nicht mehr, wir stehen im Übergang zu einer nicht mehr identifizierbaren Macht-Pyramide.

Wie kann sich aber das Verhältnis Herrschaft-Gewalt nun angesichts des thematisierten Überganges in posttotalitäre Umstände auslegen?

V. Verklärung als Kaschierung der Todesmacht des Überlebens

In diesem Zusammenhang hat sich Wolfgang Fach[24] zur „Katastrophe im elitären Kalkül" in Anbetracht der Herausforderung von inkommensurablen Formen von Macht- und Subsistenzzufuhr *durch zu kostspielige Sicherheitsmaßnahmen* bei der Macht-Antizipation des Unvorhersehbaren in forgeschrittensten Gesellschaften der totalitären Machtrepräsentation folgendes überlegt: Die drohenden Katastrophen sind nicht die Umschwünge der totalitären Komplexe von Wirtschaft oder Bürokratie oder technokratischen Manifestationen in posttotalitäre: sie sind vielmehr deren *Begleitumstände* und Indizes.

Allerdings geben diese drohenden Katastrophen noch keineswegs Einsicht in alternative Umgangsformen der immer mehr zu Schein- Massen degenerierenden Abfälle der Selbstorganisiation der totalitären Gesellschaften. Demnach erhebt sich, im Anschluß an die Besinnung dieser Reflexionen zu Canetti, mit dem Titel: „Verwandlungsverbote und Befreiungsversuche" die Frage jener, welche den Übergängen und schon Überwindungen des Posttotalitären auch nachgegangen sind, z. B. der Dichter und Politiker und Philosoph Havel: Wie sehr sind also die Gegenstände der Macht – Produktionsmittel, Brüderlichkeit, Menschenwürde, Emanzipation und Person – im Übergang zu posttotalitären Gesellschaften verkommen?

Darüber hinaus drängt sich aber noch die stärkere Frage auf: Wie sich die Formen der Gewalt, transformiert in Technik und Kapitalbeteiligung der Apparate politisch institutionalisierter Herrschaft, nun selbst als Destruktionsphänomene mit dem allgemeinen Herrschaftssyndrom verknüpft erweisen. Demnach ist zu betrachten, wie sehr nun der posttotalitäre Aufstand der Massen zugunsten der Humanität in diese völlig neuartige Situation hineingerissen wird.

VI. Die Schizophrenie der posttotalitären Zustände

Im Zuge seiner Untersuchung über „die Macht der Machtlosen“ zeigt Havel eine eigentümliche Struktur der Schizophrenie im Übergang zu posttotalitären Zuständen auf, nicht nur Mangel an Autonomie, nämlich nicht Herr der eigenen Lage zu sein[25], was wir ohnedies nie gewesen waren, vielmehr die Gespaltenheit, jedermanns Herr zu sein und nicht über sich zu vermögen einerseits, und alles über sich zu vermögen und zugleich untertan zu sein anderseits. Wie ist also in den Strukturformen posttotalitärer Gesellschaft, demnach trotz der vierfachen Manipulation durch Technik, Bürokratie, Kapital und Informationswaffen zusammen gleichwohl die Mitgliedschaft an einem neuen Gemeinwesen, vielleicht gar an einer neuen produktiven Masse, möglich?

Ohne Zweifel ist Havels Antwort zur Gegenlenkung gegen den gefährdenden Übergang in posttotalitäre Umstände anonymer Herrschaft postkonservativ-romatisch. Havel hält etwa – ohne etwa die neokonservativen Einsichten Heideggers[26] einer gehörigen Prüfung unterzogen zu haben, dessen angebliche Einsichten in eine Lösung gelungenen menschlichen Wechselverhätnisses durch heroische Vermittlung zwischen Absehen von je eigenem persönlichen Überlebenwollen mit einer neuen Gemeinschaftlichkeit in neuer *polis* für einen entscheidenden Gewinn, ohne Heideggers eigenen Übergriff auf die prophetische Kraft jener einzusehen, deren Untergang er gerade phänomenologisch-hermeneutisch mitvorbereitetet. Und all dies, wie gesagt, inmitten posttotalitärer Herrschaft der Informationswaffen, des Kapitals, der Bürokratie, der Technokratie. Diese Art der neuen Gespaltenheit, Schwäche in der Unterworfenheit, sei aber, nach Havel, immerhin stärker als die Unterworfenheit der Ordnungsmacht des Mitmenschlichen durch die volle Gewalt des elitären Parasitentums der neuen Vampire, welche der neuen Situation entsprechen.

Havels Rezept, ein der großen Politik zumindest 1985 gegenüber noch skeptisches Verfahren, hört sich, übersetzt, so an: „Vor allem müsse jede existentielle Revolution die Hoffnung auf Wiederbelebung des moralischen Herzstückes des Gemeinschaftlichen der Gesellschaft geben, als radikale Erneuerung der zwischenmenschlichen Beziehungen auf so etwas wie eine menschliche Ordnung hin, die durch keine politische ersetzt werden kann.“[27] Was sind dies für neue, uns beinah wie von Feuerbachs abstrakter Dialogik her nackt anmutende zwischenmenschliche Beziehungen? Zunächst wird von Havel eine neue *Erfahrung des Seins* angesprochen. Diese klingelt, wie gesagt, nach Heideggers Amphibolie des gewaltsam-gewaltlosen „Entbergens“; eine *neue Verwurzelung im Universum* klingt romantisch-aristotelisch; ein *neuer Sinn für Verantwortung* klingt stoisch; die *neubegründete innere Bezugnahme auf den Anderen* nach Dialogdenken, allerdings auf die menschliche Gemeinschaft, noch nicht Gesellschaft, hin, dann doch wieder gesellschaftsethisch, in noch nicht gelungenen Balanceakten hermeneutisch angeeigneter Verantwortungsrelation *ohne* kategorischen Imperativ, gewagt.

Jedenfalls steht auch für Havel fest, daß gegen kollektive Unverantwortlichkeit eines schleichenden Totalitarismus, Ausdruck des Bündnisses von Organisation und Parasitentum, eben ein neues zwischenmenschliches Lebenssgefühl der Durchdringung eben jenes hybriden Bündnisses nur durch eine kräftige und energische Revolution von unten zur Selbstorganisation führen kann. Das Entsetzliche ist nur, daß Havels Vorschau den Zwiespalt zwischen romantisch-dialogischer Seins- (also Volks)verwurzelung und Bestimmtheit durch jene öffentlich-realen Lebensmächte, wie institutionalisierte Arbeitsteilung, abstraktifizierte Tauschform, wie technisch manifeste Eigentumssicherung nicht hinreichend auslotet. Der Rahmen jener machtlosen Dialogizität stellt sich nicht der Gewalt der genannten Lebensmächte und beansprucht doch vehement neue Öffentlichkeit. Ohne den Anspruch der Transformation jener Lebensmächte verfällt aber jene prätendierte Revolution von unten bloß konservativer Romantik, wie sie sich nach jeder mißlungenen Revolution wieder durchsetzt.

Havel ging allerdings sogar so weit, der Strategie ökonomischer Selbstorganisation und deren Management ausdrücklich im Gegensatz zur Herrschaft von Plan und Markt zugleich eine neue postdemokratische Gesellschaft zuzumuten; ein kühnes Wagnis angesichts des als wertlos erklärten Abfalles der dominierenden, wie auch immer machtmechanistischen Formen demokratischer Republiken: Es fällt allerdings auf, daß Havel die Erneuerung republikanischer Demokratie, nämlich ausgeprägtes Parteiensystem gemeinsam mit Rätesystem im Primat der Persönlichkeitsverantwortung, wie dies der große Zeitgenosse Canettis und Freund Hermann Brochs, der Leibniz-Forscher Paul Schrecker[28] schon 1919, in einiger Übereinstimmung mit den Plänen Masaryks, vorgeschlagen hatte, in seiner Untersuchung noch nicht einmmal ignoriert. Es läuft also der Appell an die Machtlosigkeit einer durch die Gesellschaftsrelevanz abstrakter Relationen unberührten Dialogizität Gefahr, sich ohne entsprechend kritische gesellschaftliche Rationalität der neokonservativen Ökonomie, der legitimistischen Politik, der Hilflosigkeit gegenüber technischem Forschritt auszuliefern. Elitäres Bewußtsein gerät folglich in die Falle parasitärer Strategie. Schlägt die einmal zu, dann sind die Träume zwischen Markt und Plan, zwischen globalem Zentralismus und Föderalismus, zwischen Technologie und ökologischer Schonung ausgeträumt.

VII. Ist die Verwandlung des Parasiten in den Vampir zu überstehen?

Es geht um Befreiungsversuche gegen die Macht des Überlebenden, die Ausschließung des Fremden, die Vermehrung des Abfalls.

Michel Serres hat in Fortsetzung seiner Hefte zur Hermeneutik: Hermes I–V sich in den Analysen: „Der Parasit"[29] mit einer der stärksten Formen und Strategien des Vampirismus befaßt: Mit jener Formierung und Methode, welche sich an der Verbindung von Ordnungsgewalten mit dem jeweils sich *zunächst* am Auswurf der Ordnungsstruktur nährenden Parasiten hält; dann jedoch mit dem aggressiveren Angriff des Parasiten, des Mitessers, der den Konsum der Organisation selbst übernimmt; Struktur und Formation des sich verstellenden Parasiten entwickeln sich demnach zum dominanten Gefüge der Kultur- und Zivilisationsgesellschaften selbst.

In diesem Zusammenhang fragt Michel Serres, in welcher Weise sich die Ansprüche parasitärer Macht mit solchen ordnender Macht, getrennt und vermischt zumal, zu kreuzen vermögen. In vielfachen Gestaltungen geht er, ähnlich wie Canetti, aus den ethnisch frühen und an Assoziation von *Gemeinschafts*relationen reichen zwischenmenschlichen Strukturen in die komplexeren *Gesellschaften* im Zeichen abstrakter Herrschaftsformen über: Die Formen einfachen Gütertausches, der herkunftsorientierten Verwandtschaftsrelationen und der noch umweltgerechten Handwerkstechniken werden somit mit jüngeren Formen im Übergang zum Frühkapitalismus und dann wieder mit Dominanzstrukturen spätkapitalistischer, ja posttotalitärer Herrschaft konfrontiert.

In dieser reichen Varianz lasse sich aber jedenfalls die eine Hauptfigur, des unbewegten Bewegers der Herrschaftsstruktur über Formvariationen, als Basis und Motor der Selbstorganisation gegenüber der dem Auswurf der Organisation überlassenen je geringeren Ordnung der Masse-Materie und ihrer parasitären Dominanz feststellen: Serres' These ist nun, daß in jeder zu Ende kommenden Figur einer kulturellen Sättigung, ohnedies schon verborgen in deren Verlauf, die parasitäre Dominanz ihrerseits so stark und überbordend wirke, daß sie die Selbstorganisation in sich hineinschlingt, sich also nicht mehr vom Abfall, vielmehr vom Gesunden ihre eigentümliche Kraft, Macht, Gewalt, auf Dauer gestellte Herrschaft, eben ihre Souveränität holt.[30]

Wie Popitz im Anschluß an Canetti aufgezeigt hatte, gibt es ja kaum eine der privilegierten Formen der Machtausübung, welche sich jener Transformation, jener Verwandlung des Parasiten, also des Mitessers an dem Abfall der Ordnung in die Verschlingung der defizienten Ordnungsmächte selbst, entziehen kann.

Nun hat Michel Serres seine Untersuchungen zum „Parasit" allerdings noch vor seiner Entdeckung der Befreiung[31] aus der Dynamik der bloßen Schein-Masse und der Subordination dieser unter die Formen der Macht veröffentlicht; diese Entdeckung kommt derjenigen Canettis zur Fundierung der Befreiungsversuche aus parasitären Massengesellschaften sehr nahe und geht mit einer radikalen Umkrempelung unseres Bildes neuzeitlicher Rationalität, besonders derjenigen Leibnizens durch Leibniz selber, einher.

Serres setzt, ähnlich wie Havel, drei Hauptgesichtspunkte dieser Überwindung der posttotalitären Gesellschaft an:

Erstens die Überwindung der Ideologie des Überlebenden, da ja Ideologie jene Betrugstheorie ist, an die der Betrüger selber glaubt. Dieses Moment der Distanzierung des stilisierten Tötungsrituals teilt Serres mit Canettis Befreiungsansatz.

Zweitens geht es um die Begründung einer neuen Solidarität, die nicht bloß in dem Von-sich-Absehen beruht, vielmehr auf der Überwindung der bloßen Krisallisationen der Macht aus den Massenkristallen: Massenkristalle sind demnach nurmehr zu verwenden zur Bezwingung derjenigen Ausschließlichkeit unter Menschen, welche zu ihrer Zusammengehörigkeit immer wieder des Ausgeschlossenen bedürfen. Diese neue Großzügigkeit, Générosité, ist aber gegenläufig zu jener Präpotenz, welche die Zusammengehörigkeit immer aus dem Ausschluß des Anderen und der Nutznießung aus dessen Abfallsituation, zuletzt von dessen Organisationsart selber, bezieht.

Das dritte Moment ist das Schwierigste, und dies scheint Serres mit Havel gemein zu haben: Es gilt, in gegenseitigem Zuvorkommen jene dem Organismus und der freien Handlung als deren Abscheidung souveräne Überlebensspur aufzuarbeiten: hier geht es um eine utopische Ahnung, die entropischen Ausscheidungen der jeweils anderen in jeder der gesellschaftlichen Komplexionen, namentlich der abstrakten Lebensmächte posttotalitärer Gesellschaften, verwandeln und gleichsam aufbereiten zu können.

Genauer gesagt, wird hier zunächst jede noch so geringe parasitäre Anlage aus der Tendenz zur Steigerung zum Vampir aus mißglückter Wechselbeziehung herauszulösen und in das wechselseitige Gebrauchen der abgelegten Sedimente gesellschaftlicher wie technologischer Produktion einzubringen sein; ein Moment, das sich nicht einmal Popitz in der Untersuchung zur Transformation des Technischen[32] zugunsten gesellschaftlichen Überlebens träumen läßt.

Havel wie Popitz verlangten, wie wir sahen, nach Strategien, um die Ordnung der Mitmenschlichkeit aus der Vermengung zwischen ordnender Macht und parasitärer Macht der Vampire herausdrehen zu können. Im Kleinen mag uns das gelingen. Ist jedoch, um mit Serres zu sprechen und mit Canetti zu fragen, die Dechiffrierung unserer durch Techniken neutralisierten Befehlsstrukturen als verborgene Tötungsdrohungen schon befreiend genug, um die beiden anderen bedrohlichen Momente, das Vampirische im Hintergrund der Elite und die erstickende Überwältigung der Abfallssedimente, transformieren zu können? Ist also einerseits die sozielle Mitmenschlichkeit im Befragen institutioneller, werkbestimmter Vermittlung von Arbeitsteilung hier und das Faktum des jeweils Ausgeschiedenen im Zeichen der wertbestimmten Regulative mißglückten Tausches da, sowohl aus den Gefügen und Strukturen der Ordnung unserer Lebensmächte wie aus der Kontamination des Abfalles unserer abstrakten Lebensformen, in eine neue wechselseitige Verbindlichkeit einzubeziehen?

Wir sind noch kaum auf dem Weg zu dieser schwierigen Lage, uns aus den Verwandlungsverboten der geordneten Gewalten, nicht zuletzt der parasitären Wirtschafts-, Gesellschafts- und Staatsgewalten, in jene dreigliedrige Relation befreien zu lassen: Befreiung aus dem Überlebenswillen, Befreiung vom Ausgeschlossenen, Befreiung von dem Tabu der Eliten, das Verbrauchte im Konsum nicht mehr zu berühren, und es somit durch abstrakten Tausch, als Abfall ins Unabsehbare zu vermehren.

Wir haben in knapper Schrittfolge zunächst den Unterschied von Organisationsmacht und parasitärer Aneignung von Abfällen gekennzeichnet. In einem Wechselgespräch zwischen Canettis rückblickendem Ansatz zur Dechiffrierung von Gewalt und Havels romantischer Analyse ging es um die Aporie der Macht der Machtlosen, der die Aporie des gewaltsamen Widerstandes der Gewalt seitens Popitz – ohne Lösung allerdings – entgegengesetzt wurde. Sodann ging es im Anschluß an Canettis Interpretation durch Popitz' Analyse des Verhältnisses von Macht und Gewalt um die Stufen der Reichweite der Steigerung von Gewalt gemäß primärer und sekundärer Todesdrohung. Die Indifferenz der Formen von Gewalt gemäß der Außendistanz und deren Infragestellung durch ökonomische Wechselverhältnisse, ebenso wie deren abstrakte Übermacht, war Gegenstand unseres nächsten Schrittes. Erst aus der Schizophrenie posttotalitärer Umstände wurde im Rahmen eines Ideals produktiver Masse die von Serres erzwungene Selbstbeschränkung der Übersteigerungen von elitärer Macht in den Vampirismus angesprochen. Jene Selbstbeschränkung gab auch einen Fingerzeig zur Rückbindung der abstrakten Relationsformen von Gewalt an die Konzeption produktiver Masse, zugleich der Transformation in sich zerstörter Information in den produktiven Sprachausdruck der Masse, wie wir ihn durch Hebenstreit, Nestroy, Karl Kraus und Canetti sehr wohl vor allem von ihrer satirischen Seite her kennen.

In posttotalitären Gesellschaften geht es nun darum, jene neue Verbindlichkeit der genannten dreifachen Befreiung von je eigenem Überlebenswillen, von den Ausgeschlossenen, vom Tabu des Abfalles, in Anbetracht der abstrakten Tauschformen, derjenigen der gefährdendsten Technologien zusammen mit der hochstrukturierten arbeitsteiligen Bürokratie auszuhalten. Ob uns hierzu, also zur kaum vorhersehbaren Vermenschlichung, die Informationswaffe, wie etwa der öffentliche Vortrag, auch hier in der Urania, auch ohne noch die fruchtbare Sprache der Masse gefunden zu haben, hilft? Denn das ist eben gerade nicht die Rhetorik der Macht im Wechselspiel der Verkehrung von Masse in taube und dumme Vermassung, der Perversion von Autonomie in Autarkie und ihrer verblödenden Selbstverwirklichungsstrategie: ob also Information uns behilflich sein wird oder nur zur Verzerrung der abstrakten gesellschaftlichen Verhältnisse verleitet, wer vermöchte diese Gebrauchsdiätetik zur Erfassung und Unterwanderung posttotalitärer Umstände, angeleitet von Canettis Archäologie des Befehlsstachels, schon zu entscheiden? Die positive Beantwortung würde Zähmung sogar jener hybriden Vampire wie Befreiung der Massen aus der Pest ihrer Verwandlungsverbote in die schöpferische Sprache der Masse vermitteln müssen. Geht das? Das war meine Frage. Das ist unsere Frage. Das ist die Frage.

Anmerkungen

1 Hrsg. John Keane im Sammelband: „Citizens against the State in Central Eastern Europe." London 1985, S. 22–66

2 Elias Canetti: „Masse und Macht." Bd I., Hanser Verl. Regensburg 1960, S. 20

3 Vgl. Bruno Bettelheim: „Aufstand gegen die Masse." München 1964

4 Vgl. Elias Canetti, A. a. O. S. 139

4a Vgl. Franzjosef Schuh: „Die Gesellschaftskritik Hebenstreits in seinem Gedicht Homo Hominibus." In: „Aufklärung, Revolution, Restauration." Bd. II der Sammlung „Verdrängter Humanismus-Verzögerte Aufklärung. Auf der Suche nach Österreichischem Philosophieren." Hrsg. M. Benedikt, W. Bauer. Wien 1991

5 Heinrich Popitz: „Phänomene der Macht." München 1978, S. 78 ff.
Vgl. Elias Canetti: „Macht und Überleben". In: „Das Gewissen der Worte." München 1978.

6 Vgl. H. Popitz, a.a.O. S. 80f., bes. mit Bezug auf B. Bettelheim: Aufstand gegen die Masse. A. a. O., S. 166

7 Popitz: A.a.O S. 72

8 Arnold Gehlen: „Das Elitenproblem." In: „Einblicke". Werke Bd. 7 Frankfurt 1978. S. 105ff.

9 A. a. O. S. 108f.

10 Popitz: A. a. O. S. 42ff.

11 A. a. O. S. 44

12 A. a. O. S. 50ff.

13 A. a. O. S. 64

14 A. a. O. S. 66

16 A.,a.O. S. 66f.

17 Ich kann hier nicht die von Herrn Dietzsch, aber auch von Frau Kocziszky vorbildlich eingeleiteten Spannungsverhältnisse zwischen rhetorischer Gewalt der Sprache und kreativer Rede der Masse, wie etwa bei Karl Kraus oder Nestroy oder eben bei Hebenstreit vorgeführt, verfolgen. Sie werden, im Anschluß an Canettis „ Gewissen der Worte", Gegenstand einer anderen Untersuchung sein.

18 Popitz A. a. O. S. 93

19 A. a. O. S. 92

20 A. a. O.

21 Die sehr diffizile, gelegentlich mechanizistisch anmutende Konzeption von Gewalt als Regulativ der sich wie Attraktion und Repulsion zerklüftender Wechselwirkungen der Machtwiderstände verhaltenden Kräfte muß ich hier, gemäß Kants Untersuchungen, ebenso beiseite lassen wie die Dy-

namik der Genealogie von Macht selber aus Kraftkonzentrationen durch das Einfügen von adäquater Mittel-Konsistenz.

22 Popitz A. a. O. S. 102

23 A. a. O. S. 92

24 Wolfgang Fach: Tod und Verklärung. Wien 1989

25 Vaclav Havel: A. a. O., S. 90

26 Die kaum mehr mißverständliche Antwort Heideggers gegenüber den Gefahren eines zur Rettung auserwählten Volkes ist doch dessen Strategie populistischer Antidemokratie unter neuem monarchischem Prinzip: Kreuz und Krone sind Heideggers starke Symbole, welche die neopaganen Umstände von Blut und Boden, Herkunft und Erbe, Thing-Versammlung und Übernahme alteuropäischen Welt-Schicksals verknüpfen. Für den Mystagogen aus dem Schwarzwald mag das wohl taugen, für eine neue Lebensform unter altfeudaler Genossenschaft (Schwarzenberg) wäre diese neue Verbindlichkeit doch einer Prüfung würdig.

27 Vaclav Havel A. a. O. S. 92

28 Vgl. Paul Schrecker: „Für ein Ständehaus." Wien 1919. Hierzu Hermann Broch: „Konstitutionelle Diktatur und demokratisches Rätesystem." In: Kommentierte Gesamtausgabe, Bd. 11. Hrsg. v. P. M. Lützeler, Frankfurt am Main 1975. S. 11 ff. Ebs. M. Benedikt: „Hermann Brochs Schweigen in den zwanziger Jahren und das mystifizierte Vakuum des Kulturzerfalls". In: Forum, Wien 1990/III.

29 Michel Serres: „Der Parasit". Dt. v. M. Bischoff. Frankfurt am Main 1980

30 Nun ist es ohnedies schon fraglich, ob sich das Herausentwickeln von Energiesystemen als Ausgleich die entropische Struktur überhaupt leisten kann, ob die Kompossibilität von sogenannt natürlichen Energiesystemen nicht ohnedies allzuviel kostet. Sodaß der restituierte Ausgleich unserer künstlichen Herrschaftsformen und -strategien im Aufarbeiten der Abfälle je anderer Systeme nicht seinerseits schon der Vergeblichkeit der Entropie verfällt.

31 Vgl. hierzu Michel Serres Préface zu L'être et la relation; avec Trente-cinq lettres de Leibniz au R. P. Des Bosses Paris 1981; unter Bezugnahme auf seine Studien zu Leibniz, sowohl in den Cahiers Hermes I–V. Vgl. hierzu schon M. Blondel: „Un énigme historique: Le vinculum substantiale d'après Leibniz." Paris 1898, ebs. V. Mathieu: „Leibniz e Des Bosses." Turin 1956; sowie M. Benedikt: „Der dreifach verdrängte Leibniz in Österreich." In: „Aufklärung, Revolution, Restauration." Bd. II der Sammlung „Verdrängter Humanismus – Verzögerte Aufklärung. Auf der Suche nach österreichischer Philosophie." Hrsg. M. Benedikt, W. Bauer. Wien 1991

32 Vgl. Heinrich Popitz: „Technisches Handeln." In: „Phänomene der Macht." A. a. O. S. 10ff.

Autopsie der Macht

Rita Bischof

Was ist los mit der Macht? Ist die Macht krank? Hat sie ihre Anziehungskraft eingebüßt? Ist die Masse etwa dabei, sich endgültig von ihr loszusagen? Könnte es tatsächlich sein, daß der historische Prozeß der Moderne schließlich darin kulminiert, daß die Massen damit beginnen, sich selbst zu organisieren, und zwar in einer Weise, die von vorneherein jeglichen Anspruch auf Führerschaft abweist? Oder wie lassen sich die gegenwärtigen politischen Bewegungen in Osteuropa interpretieren? Wir haben erlebt, wie in atemberaubender Geschwindigkeit ein Volk nach dem anderen aufgestanden ist, um seinen eigenen Willen unzweideutig zu formulieren. Gemeinsam haben sich die Völker Osteuropas ihrer Befehlsstacheln entledigt und so demonstriert, daß keiner dieser oft absurden Befehle vergessen worden ist. Und sie haben in diesem Prozeß der aktiven politischen Dekonstruktion zugleich den Anachronismus einer Machtstruktur offengelegt, die unter dem Deckmantel der sozialistischen Internationale durchaus traditionell-autoritäre Formen wiederbelebte. Muß es von heute aus nicht scheinen, als habe die Sowjetunion das Erbe der österreichisch-ungarischen Monarchie angetreten? Zumindest aber hat sich der Sozialismus spätestens in seiner gegenwärtigen Agonie als die wohl verblüffendste Restauration feudal-absolutistischer Strukturen demaskiert. Jene Bewegung, die selbst einmal aus den Emanzipationsbestrebungen der Aufklärung hervorgegangen ist, hat sich in der Praxis auf eben die Individualisierung der Macht gestützt, die von der Aufklärung endgültig, wie es schien, verabschiedet worden ist. In der Machtkonzentration, die er herstellt, in der Zentralgewalt, die er affirmiert, fällt der Sozialismus eindeutig hinter die bürgerliche Revolution zurück.

Wenn man nämlich die Französische Revolution als den historischen Augenblick bestimmt, in dem sich politische Masse im modernen Sinn erstmals frei manifestiert, so kann man nicht umhin, in der Guillotine das Symbol dieser Masse zu sehen. Was die Guillotine als eine Maschine zur massenhaften Hinrichtung zelebriert, ist anders denn als Ritual einer Entindividualisierung der Macht nicht zu verstehen. Mit Bataille wäre daher die Aufmerksamkeit auf die initiierende Rolle zu lenken, die in der Geschichte gerade jene Köpfe spielen, die abgeschlagen werden sollen. Und bereits Baldassare Gracián hatte in seinem allegorischen Roman *El Criticón* die Geschichte als ein Ballspiel mit Köpfen definiert. Der Kopf des Königs – Symbol jener Individualisierung der Macht, an die alle gesellschaftliche Organisation bis tief in die Neuzeit hinein gebunden blieb – mußte abgeschlagen werden, damit so etwas wie Masse im modernen Sinn entstehen konnte, das heißt aber eine Masse, die die Geschicke der Politik selbst in die Hand zu nehmen prätendiert. Von daher ist die moderne Masse aber auch als eine kopflose Masse zu verstehen, die ein panisches Gefühl von sich selbst entwickelt. Sie befindet sich seitdem ständig auf der Suche nach einem Kopf, der dem, was sie empfindet, Ausdruck gibt. Ihr Ideal wäre ein Kopf, der ausspricht, was sie denkt. Die moderne Masse ist permanent auf der Suche nach einem Bild, einer Figur, die ihr Ideal, ihre Form der Individualität weithin sichtbar vor Augen führt. Von dieser Figur erwartet sie, daß diese sie periodisch in einen künstlichen Zustand der Erregung versetzt. Die moderne Masse will sich spüren, und ihr Führer ist, wer immer ihr dazu Gelegenheit bietet.

In Wahrheit aber kehrt der Sozialismus nicht einfach nur zu feudalen Formen zurück. Wie alle Spielarten totalitärer Herrschaft bringt er die Eigenschaften zweier verschiedener Herrschaftsformen ins Spiel. Er stützt sich einerseits auf die Elemente der rationalen Herrschaft, als deren Paradigma Max Weber die Bürokratie bestimmt. Ja, mehr noch, der Sozialismus, der die bürgerliche Gesellschaft zu überbieten prätendiert, behauptet, auf einer streng wissenschaftlichen Grundlage zu stehen. Auch die sozialistische Macht beruft sich also auf die Vernunft, die ihr als oberste Instanz der Planung und der Kontrolle gilt. Gleichzeitig aber hat sie eine Zentralinstanz, eine Art Mega-Gehirn, instituiert, das nicht nur von ungefähr an alle die hypostasierten Zentren des Seins erinnert, von denen aus das Leben der Menschen unterworfen worden ist. Weit mehr als auf die Wissenschaften hat der Sozialismus auf die Omnipräsenz der Macht gesetzt, wobei er sich mit seinen Mauern, seinen Lagern, seiner flächendeckenden Überwachung der Bevölkerung durchaus am Fichteschen Modell des Zwingherrn orientiert, der die vollendete Unmündigkeit unter seinen Bürgern herstellt. Und dies mag nicht zuletzt auch der Grund dafür sein, daß wir gegenwärtig eine Revolution erleben, die es nach allen historischen Prognosen eigentlich gar nicht mehr geben dürfte. Was sich heute vor den Augen der Weltöffentlichkeit abspielt, ist eine Revolution, die sich selbst aufhebt, die sich selbst negiert. Und durch diese Revolution hat sich der Sozialismus schließlich als der lange und langsame Weg vom Feudalismus zum Kapitalismus erwiesen. Zentralkomitees, die in ihrer Machtfülle unbeweglich schienen, stürzen ein, als seien es Potemkinsche Dörfer. Diktatoren werden abgeschüttelt wie lästige Parasiten, denn dieses Mal sind sie das Ungeziefer. Eine Leiche verwest, die die der individualisierten Macht selbst ist. Und als Leiche zeigt sich diese Macht noch einmal in ihrer ganzen Obszönität.

Aber bereits Canetti hatte die Obszönität der Macht exponiert, als er daran ging, ihren Körper zu sezieren, ihn in seine Eingeweide zu zerlegen. Und er hat sich zu diesem Zweck des anatomischen Blicks bedient, der selbst ein Instrument von Macht ist. Es ist dies ein Blick, der erbarmungslos objektiviert und eben damit eine tödliche Wirkung intendiert. Canettis Ideal wäre es, eine Darstellungsform zu finden, von der sich die Macht nicht mehr erholen könnte. Auch er war, als er *Masse und Macht* konzipierte, mit dem Problem des Totalitarismus konfrontiert. Die alte bestialische Macht schien in der Form des Nationalsozialismus noch einmal aufzustehen, um die Menschen, wie Canetti schreibt, auf das Niveau von Ungeziefer zu reduzieren, das man schließlich millionenfach vernichtete. Aber hat sich diese Macht damit nicht letzten Endes auch selbst zerstört? Muß es heute, da wir das Ende einer anderen, ähnlich anachronistischen Machtform erleben, nicht scheinen, als hätten sich jene paroxystischen Formen einer längst überlebten Machtstruktur in den Massengräbern dieses Jahrhunderts zugleich ihr eigenes Grab geschaufelt? Trügt der Schein, oder wohnen wir tatsächlich dem definitiven Ende der Macht bei? Aber sehen wir uns den Leichnam dieser Macht noch einmal genau an, um sicherzustellen, daß sie nicht wieder aufersteht. Wagen wir uns an ihre Autopsie!

Canetti zeichnet das schonungslose Porträt einer Macht, die die strikte Individualisierung verlangt. Es ist dies ein sozusagen klassisches Porträt von ihr, vertraut gerade auf Grund seiner offen ausgestellten Bestialität. Das Bild der Macht, das Canetti entwirft, ist von einer unüberwindlichen Abneigung gegenüber dem Typus inspiriert, und auch darin kann er sich heute einer breiten Zustimmung gewiß sein. Canetti hat eine Macht analysiert, die ein Einzelner genießt und als sein persönliches Vorrecht ausübt. Es handelt sich hier um eine Macht, auf die man in Kategorien der Aneignung und des Besitzes reflektieren kann. Für Canetti gibt es immer schon ein Subjekt, das alle Macht bei sich konzentriert und eifersüchtig wie einen Schatz hütet. Bei diesem Subjekt läßt sich die Macht lokalisieren, und was es von ihr abgibt, das verteilt es gnädig als Rang, Amt und Würde.

Der Machthaber oder Souverän ist als ein exklusives, eifersüchtiges Subjekt bestimmt, das ein zweites schon der Möglichkeit nach ausschließt. Er verkörpert eine Einzigkeit, die ihn weit über die menschliche Masse erhebt. Was ihn von dieser unterscheidet, sind nicht nur die Mittel, über die er verfügt, der Souverän ist von qualitativ anderer Natur. Gegenüber einem namenlosen Kollektiv, das von ihm zur Sache gemacht wird, verkörpert er einen Über-Einzelnen, eine Art Übersubjekt. In seiner absoluten Einzigartigkeit/Einmaligkeit spielt er die Rolle eines Individuums, vor dem alle anderen ihre individuellen Züge verlieren. Die klassische Macht, wie Canetti sie noch einmal vor Augen führt, ist mithin ganz im Souverän gegenwärtig, und seine Autopsie kann als ihre Analyse gelten. Diese Macht ist primär negativ als Verbotsmacht definiert. Die klassische Macht begründet sich durch das Gesetz, das mit dem Willen des Souveräns identifiziert wird. Dieser steht über dem Gesetz, das er zwar erläßt, an das er aber eben deshalb auch nicht gebunden ist. Seine Macht gipfelt in dem Recht über Leben und Tod, das in die Bestimmung der Souveränität überhaupt eingegangen ist. Es ist dies ein asymmetrisches Recht, und zwar allein insofern schon, als sich die Macht nur dadurch auf das Leben bezieht, daß sie ihr Recht zu töten ausspielt. Im Recht über Leben und Tod bemächtigt die Macht sich der Körper, um sich in ihnen zu manifestieren. Ja, sie selbst scheint einen Körper zu besitzen, den eines Raubtiers nämlich, jedenfalls hat Canetti dies suggeriert. Und zwar ist dieser Körper der Macht zuoberst durch seine Funktion der Aneignung definiert. Er trachtet danach, sich alles einzuverleiben, was in seinen Herrschaftsbereich fällt. Nicht nur die Masse will wachsen, auch der Körper der Macht scheint es auf unbegrenztes Wachstum abgesehen zu haben. Es ist ein gefräßiger Körper, der dazu tendiert, die ganze Außenwelt zu absorbieren, und der erst dann zur Ruhe gelangen wird, wenn es nichts mehr gibt, was sich seiner Kraft zur Assimilation entzieht. Der Körper der Macht tritt, so gesehen, als die absolute Grenze jeder sozialen Kommunikation und jeden symbolischen Tauschs in Erscheinung. Er ist ein Körper, der beständig akkumuliert, und der das Akkumulierte der Gesellschaft entzieht. Jede Reversibilität, das Prinzip von Gabe und Gegengabe, wird durch die Macht unmöglich.

Während alles Soziale zuoberst aus der Überwindung der Berührungsfurcht resultiert, beschreibt die Souveränität eine Bewegung der Aversion. Allein auf Grund der ihr eigenen Verbotsstruktur tendiert sie dazu, Fernverhältnisse zu etablieren. Das Pathos der Distanz ist ihr wesentlich. Die Abstände, die sie schafft, die Schranken, die sie errichtet, begründen als symbolische Ordnung die soziale Hierarchie. An der Spitze dieser Hierarchie steht einsam der Souverän; er ist durch den weitesten Abstand von allen anderen Gesellschaftsmitgliedern getrennt. Der Machthaber ist von Tabus umgeben, die ihn vor nahezu jeder Form der Berührung entziehen. Er ist immer und überall notwendig auch Einzelgänger. Das Alleine-Essen, das immer in feindlicher Absicht geschieht, ist ihm so wesentlich wie dem Löwen, mit dem er sich so gerne identifiziert. Canetti schreibt: „Macht in ihrem Kern und auf ihrem Gipfel verachtet Verwandlung. Sie tut sich selbst Genüge, sie will nur sich. In dieser Form ist sie den Menschen bemerkenswert erschienen; absolut und unverantwortlich ist sie nichts und niemand anderem zuliebe da. Ihren höchsten Glanz hatte sie für ihn, wann immer sie in dieser Form auftrat. Und bis heute ist nichts imstande, ihr Immer-wieder-Erscheinen in dieser Form zu verhindern."

Inmitten der sozialen Organisation, die er garantiert, führt der Machthaber eine nicht nur asoziale, sondern auch anti-soziale Existenz. Canetti hat deutlich gemacht, daß das Problem der Masse das Problem von Gesellschaft überhaupt ist, da ohne die Überwindung der Berührungsfurcht, wie sie sich in der Masse und durch sie vollzieht, Gesellschaft nicht einmal zu denken wäre. Alle Gesellschaftlichkeit ist ihrer Möglichkeit nach daran geknüpft, daß sie unmittelbar körperliche Kontakte zwischen ihren Mitgliedern herstellt. Canetti hat aber auch gezeigt, daß sich im Zentrum der so bestimmten Gesellschaft eine ganz andere Figur etabliert, eine, die gerade auf Grund ihrer anti-sozialen Züge besticht und die die personifizierte Grenze selbst ist. Im Zentrum treffen wir die Macht, die Garant des Fortbestehens der Gesellschaft und zugleich ihre radikalste Negation ist. Diese Macht ist als ein ursprünglicher Mittelpunkt gegeben; sie stellt sich dar als eine Akkumulation von Sein und entsteht in dem Moment, in dem sich ein stärkerer Wille die Schwächeren unterwirft, um in diesem gewaltsamen Akt der Unterwerfung die Summe des Seienden bei sich zu konzentrieren. Nur so kann die Macht zugleich als eine Totalität des Seins erscheinen. Die Aussetzung des Todes ist es recht eigentlich, die die Aneignung der Körper allererst ermöglicht. Der Überlegene, der Sieger im Kampf, könnte die Schwächeren töten, aber er tut es nicht, er verzichtet darauf, um sich statt dessen ihres Lebens zu bemächtigen. Es ist der aufgeschobene Tod, nicht der vollstreckte, aus dem er seine Macht gewinnt. Ja, der Machthaber selbst ist dieser aufgeschobene Tod, mit dem er droht, den er beständig gegenüber seinen Untergebenen ausspielt.

Die Beziehung auf den Tod ist der Macht so wesentlich, daß wir im Zentrum jeder Machtanalyse immer auch eine Metaphysik des Todes finden. Und es stellt sich die Frage, wie diese für die Macht konstitutive Beziehung auf den Tod beschaffen ist und welchen Veränderungen sie, historisch gesehen, unterliegt. So hat Canetti Macht und Tod nahezu miteinander identifiziert, wenn er den Augenblick des Überlebens als den eigentlichen Augenblick der Macht definiert. Er hat damit auf die subjektive Voraussetzung der Macht aufmerksam gemacht, die uns tief in ihre Psychologie hineinführt. Der Überlebende steht aufrecht, im Vollbesitz seiner Kräfte und seiner körperlichen Autonomie vor dem Toten, den er sozusagen absorbiert. Er scheint zu wachsen, während jener schrumpft; was jener einmal war, scheint in ihn einzugehen. Aber so tief das Triumphgefühl konkreten Überlebens auch in den Willen zur Macht einführt, es darf bezweifelt werden, daß der Augenblick der Macht tatsächlich mit dem Stehen vor einem oder mehreren Toten zusammenfällt. Gewiß will jeder Machthaber überleben, und zwar, wie die Geschichte beweist, um jeden Preis, aber die Macht, die das Überleben verleiht, ist erst dann Macht im vollen Sinn, wenn sie als solche anerkannt wird. Das Triumphgefühl allein kann noch keine Macht begründen. Über Tote läßt sich keine Macht gewinnen, wie sich umgekehrt die Macht nur dann auf das Leben bezieht, wenn sie den Tod, den sie symbolisiert, zugleich aussetzt. Es ist das Tötenkönnen, aber Lebenlassen, das die Macht von Menschen über ihresgleichen ermöglicht.

Denn nie ließe sich das Prestige der Macht über die Jahrhunderte hinweg erklären, wenn ihr Ursprung nicht in einem unerwarteten, unverdienten Geschenk gesehen würde, in einer Gabe, die nicht erwidert wird, einer einseitigen Gabe, die den derart Beschenkten unwiderruflich an die Macht ausliefert.

Zwar ist alle Macht in ihrer Genese und Funktion an den Tod geknüpft, und ohne diese ihre konstitutive Beziehung auf den Tod wäre sie nicht einmal zu denken. Aber diese Beziehung ist insofern eine negative, als die Macht in ihrem Willen zum Überleben den eigenen Tod nicht in Betracht zieht. Zu Recht hat daher Jean Baudrillard die Macht auf den Ausschluß des Todes begründet, der ihm als das Paradigma all der Ausgrenzungen gilt, durch die sich die Macht, historisch gesehen, realisiert. Durch diesen Ausschluß wird die allgemeine Verwaltung des Todes als eine Unterwerfung des Lebens allererst möglich. Durch das Recht über Leben und Tod wird das soziale Leben als ein aufgeschobener Tod definiert, als ein Tod, dessen Transzendenz mit der Wirklichkeit der Macht zusammenfällt. Und dieser aufgeschobene Tod ist nichts anderes als der Akt der Unterwerfung selbst. Durch ihn hören die Unterworfenen auf, autonome Existenzen zu sein. Sie finden ihren Sinn nicht mehr in sich selbst, sondern in jenem zentralen Willen, um den herum sie von nun an ohnmächtig gravitieren. Die Gravitation um ein Zentrum aber entwertet die peripheren Elemente und verleiht ihnen einen defizienten Modus des Seins.

Nur dadurch, daß sie sich im Recht über Leben und Tod der Körper bemächtigt, gelingt es der Macht, auch die Verwandlung zu kontrollieren. Die Verwandlung aber gehört zur menschlichen Natur, und zwar so sehr, daß sie es ist, die nach Canetti die differentia specifica des Menschen definiert. Sie ist es auch, die ihm zufolge den schärfsten Gegensatz zum starren Zentralismus der Macht bildet. Macht und Verwandlung bezeichnen in Canettis Augen die beiden Extreme dergestalt, daß jede Macht die Verwandlung ausschließt, wie die Verwandlung umgekehrt alle Hoffnung auf einen Ausweg aus der Macht trägt. Und die Geschichte erscheint von hier aus als ein Prozeß, der an die Stelle unaufhörlicher Verwandlungen die Identität reproduzierbarer Strukturen setzt.

Alle Verwandlungen haben etwas von Grund auf Unberechenbares; in ihnen entzieht sich der Körper dem Zugriff der Macht. Verwandlungen können sich unvermittelt zu jeder Zeit und an jedem Ort vollziehen; sie kündigen sich nicht an und sind daher auch nur schwer kontrollierbar. Canetti hat darauf insistiert, daß das eigentliche Medium der Verwandlung der menschliche Körper ist, da sie nur auf der Voraussetzung möglich ist, daß ein Körper dem anderen gleichgesetzt wird. Der menschliche Körper manifestiert in seiner Gestik, seiner Mimik, daß unaufhörlich Verwandlungen stattfinden. Er ist der Ton, an dem sich das Andere oder Fremde, das Nicht- oder Noch-nicht-Seiende zuerst abbildet. In der Verwandlung entsteht dergestalt eine körperähnliche Welt, die es den Menschen erlaubt, auch zu der sie umgebenden Natur in genau definierte soziale Beziehungen zu treten. Und nicht nur zu den Tieren, Pflanzen und kosmischen Phänomenen verhalten sich die Menschen ursprünglich gesellschaftlich. Die Verwandlung erlaubt ihnen, in Kontakt auch zu den Geistern und den Toten zu treten. Und in diesem gesellschaftlichen Verhalten zu allem, womit sie ihr Leben in Berührung bringt, entsteht eine vielschichtige, vielstimmige mythologische Realität. Das der Verwandlung Wesentliche kann also abwesend sein, es muß keine dinghafte Gegebenheit bezeichnen, es kann auch etwas noch Ungeformtes sein, und das ist es zugleich, was die Verwandlung von der Nachahmung unterscheidet. Die Nachahmung, die sich immer auf ein Äußerliches, auf ein objektiv Gegebenes bezieht, setzt etwas voraus, das man vor Augen hat, ein Modell, dessen Züge man kopiert, während sich die Verwandlung auf ein Inneres bezieht, dem sie sich selbst als ein Körper anbietet.

Was die Verwandlung zum Ausdruck bringt, ist die wesentliche Indeterminiertheit der menschlichen Natur. Die Verwandlung ist eine Qualität der Subjektivität, die noch nicht zur Form des mit sich selbst identischen Subjekts geronnen ist. Die ältesten Formen der menschlichen Gesellschaft wurden von ihr beherrscht, ja, die Vorzeit ist als das eigentliche Paradies der Verwandlung zu verstehen. Alles ist hier Subjektivität, und die Subjektivität ist überall, sie kann sich in alles verwandeln und auch das Ganze mimen. Und wie die Subjektivität überhaupt ist auch die Verwandlung ein stetig Fließendes, das in sich selbst keinen Ruhe- oder Endpunkt besitzt. Daher werden ihr von außen Grenzen gesetzt, und diese Grenzen sind gleichbedeutend mit der Intervention der Gesellschaft. Die Bedeutung, die die archaische Menschheit der Verwandlung beilegte, war eine ungeheure: sie war höchste Kraft der Anziehung und Tabu zugleich. In der Verwandlung ehrten die Menschen das Schöpferische, wie sie die Zerstörung in ihr fürchteten. Aus dieser Doppelstruktur, die die Verwandlung als heterogen ausweist, entsprang zugleich ihre sakrale Natur.

Die Verwandlung oder Anverwandlung geschieht zunächst spielerisch. Ursprünglich dient sie der Einübung in Fähigkeiten, die zum Überleben des Einzelnen wie der Gattung notwendig sind. Als ein primär ideeller Prozeß bestimmt, ist sie im spielerischen Vorwegnehmen von Tätigkeiten und Gegenständen die Quelle aller menschlichen Erfindungen. (Wovon der nordamerikanische Indianermythos vom *Göttlichen Schelm* erzählt.) Aber die Verwandlung, wiewohl sie selbst zum Überleben unentbehrlich ist, ist zugleich das, was von der Macht am meisten gefürchtet wird. Immer birgt sie für die Macht eine Gefahr in sich, für die es sich daher von Anfang an darum dreht, die Verwandlung zu begrenzen und zu kontrollieren. Der Machthaber selbst ist als derjenige bestimmt, der sich jeder Verwandlung widersetzt, die er nicht selbst befiehlt. Sozial gesehen formuliert die Verwandlung ein Problem, gegen das sich die Macht mittels Verwandlungsverboten zur Wehr setzt. Das Verhältnis der Macht zur Verwandlung ist zutiefst ambivalent, und ambivalent ist auch das Verhältnis der Gesellschaft insgesamt zu ihr. Auch die Gesellschaft ist zuoberst durch ihre Verwandlungsverbote bestimmt, allerdings darf nicht übersehen werden, daß sie selbst in einer Verwandlung ihren Ursprung findet. Es handelt sich hier, worauf Canetti am Beispiel des Totemismus reflektiert, um eine einmalige Verwandlung, die zur Figur erstarrt und als Figur das Verwandlungsverbot für alle Zukunft legitimiert.

Die ungeheure Bedeutung, die die Begrenzung der Verwandlung für alle sozialen Prozesse, vor allem aber für die Entstehung von Gesellschaften besitzt, wird bereits aus der Natur des Totems ersichtlich. Am Beispiel des Totemismus läßt sich auch das Verhältnis von Verwandlung und Figur erklären, wie es jeder Gesellschaftsbildung zugrundeliegt. Alle Totem-Ahnen erscheinen wesentlich als das dauerhafte Produkt einer unvordenklichen Verwandlung, deren Spuren in den Ursprungslegenden aufbewahrt sind. Wesentlich ist, daß sie eine einzige tierische Verwandlung symbolisieren, die in ihnen als in ihrem Resultat festgeschrieben wird. In den Totems, aber auch in den Göttergestalten alter Religionen mit ihren typischen tierisch-menschlichen Doppelformen wird die Verwandlung in eins mit ihrem Ergebnis dargestellt, ja, der Vorgang der Verwandlung selbst wird hier zur ältesten Figur, und die Einübung in diese Figur ist gleichbedeutend mit dem Prozeß der Vergesellschaftung. Vermöge dieser Figur, die im Zentrum des gesellschaftlichen Rituals steht, konstituiert sich eine Tradition. Zur Figur wird, was eine bestimmte und begrenzte Verwandlung fixiert, die in dieser Fixierung an die Nachkommen weitergegeben wird. Es ist wichtig zu wissen, daß am Ursprung jeder Tradition eine Verwandlung steht, die einen für alle verbindlichen exemplarischen Charakter besitzt, die mithin alle Mitglieder eines Clans oder Stamms gleichermaßen verpflichtet. In dem Maße jedoch, in dem die Figur im Zentrum des sozialen Rituals steht, wird sie selbst zu einer Grenze, an der sich von nun an alle Verwandlungen brechen. Mit der Setzung der Figur als dem rituellen Zentrum der Gesellschaft sind bestimmte Verwandlungsverbote verbunden, die das gefährliche Potential spontaner, unkontrollierter Verwandlungen bändigen sollen. Auf diesen Verwandlungsverboten begründet die Gesellschaft ihre Forderung nach Identität.

Die Gesellschaft, die selbst einer Verwandlung entspringt, kann doch nur unter der Bedingung dauern, daß sie jede weitere Verwandlung tabuiert. Die Figur, in der eine archetypische Verwandlung zu einem sozialen Modell gerinnt, muß daher auch als eine Rettung vor der Verwandlung verstanden werden. An die Stelle spontaner, unvorhergesehener Verwandlungen tritt in der Wiederholung der Figur die soziale Hierarchie, die als ein wohlabgestuftes System sozial vorgeschriebener Verwandlungen zu verstehen ist. Diesen geronnenen Verwandlungen der sozialen Hierarchie tritt jedoch die freie Kraft der Verwandlung als ein potentiell Anarchisches gegenüber. Die Verwandlung, die konstitutiv in die Gesellschaftsbildung eingegangen ist, bleibt der Macht und der durch sie repräsentierten Ordnung des Seins und der Dinge gefährlich, weil sie in ihrer grenzenlosen Fluidität immer auch die Fermente der Auflösung mit sich führt. Die Verwandlung, als ein fortgesetztes Experiment mit Formen bestimmt, seien diese vorhanden oder bloß imaginiert, trägt in sich notwendig die Keime der Subversion, d. h. der sozialen Veränderung. Aus der Spannung zwischen Verwandlung und Identität ließe sich die soziale Dynamik erklären.

Eine Gesellschaft funktioniert, solange die rituelle Wiederholung der Verwandlung lebendig ist, und solange die Verwandlung als soziale Wirklichkeit erfahrbar ist, werden auch die sozialen Verwandlungsverbote im allgemeinen akzeptiert. Sobald sich dagegen das soziale Gleichgewicht zu zersetzen beginnt, verlieren auch die etablierten Verwandlungsverbote ihre zugleich sakrale und politische Evidenz. Die Revolte gegen eine Form der Vergesellschaftung kann daher nicht umhin, immer auch die menschliche Leidenschaft für die Verwandlung von neuem zu entfesseln. Höhepunkt einer solchen Revolte ist zweifellos die Zerschlagung derjenigen Figur, in deren ritueller Wiederholung sich die Einheit der alten Gesellschaft zelebrierte. Und umgekehrt beginnt jede Neuordnung der Gesellschaft in dem Moment, in dem eine neue exemplarische Verwandlung zur Figur fixiert wird, um als rituelles Zentrum einer von Grund auf erneuerten Gesellschaft zu gelten. In dem Moment, in dem eine neue Figur entsteht, werden aber auch neue Verwandlungsverbote notwendig, und so fort. In der Gesellschaft erstarrt die Verwandlung zu Rollen, die die verschiedenen Subjekte spielen. Nur diejenigen Verwandlungen sind fortan erlaubt, die als Vorlage des sozialen Rollenspiels dienen. Die Rolle aber garantiert die Starrheit der sozialen Identität.

Die soziale Relevanz der Figur als geronnene Form einer Verwandlung steht so sehr außer Frage, daß man sie als einen soziologischen Grundbegriff einführen könnte. Und vergessen wir nicht, daß auch eine so wichtige soziologische Kategorie wie die der Person eindeutig aus dem Vorgang der Verwandlung gewonnen ist. Zur Figur als der Endform einer Verwandlung gehört, daß sie eine weitere Verwandlung nicht mehr gestattet. Die Figur, wiewohl sie selbst das genau bestimmte Produkt einer Verwandlung ist, bedeutet immer auch eine Erlösung aus deren unaufhörlicher Fluidität. Als die Gerinnung eines bestimmten sozialen Prozesses definiert, liefert die Figur ein genau umrissenes und brauchbares soziales Modell. Sie ist das Feste in jenem permanenten Fluß, ein Fels im Meer der Verwandlungen. Ja es scheint, daß eben die Begabung des Menschen, sich zu verwandeln, das vorwiegend Fluide seiner Natur zugleich dasjenige war, was ihn am meisten beunruhigte und nach festen unveränderlichen Grenzen greifen ließ. Zwar ist diese ursprüngliche Erfahrung vom Seienden als einem in dauernder Veränderung Begriffenen insofern bemerkenswert, als sie, wie die moderne Physik bestätigt, der Natur durchaus adäquater ist. Aber wie angemessen diese Erfahrung auch gewesen sein mag, sie schloß die Sehnsucht nach einem absolut ruhenden Sein mit ein. Sie nährte das Verlangen nach einer Instanz, die alles in Bewegung setzt, selbst aber nicht bewegt wird, das Verlangen nach jenem unbewegten Beweger, von dem dann die griechische Philosophie spricht. Aus der Fluidität der Verwandlung entspringt die Fiktion einer Zentralinstanz des Seins, der sich der Machthaber in seiner Starrheit anzukristallisieren scheint, ja die er als der einzige Fixpunkt im Auf und Ab des sozialen Lebens inkarniert.

Mit der Etablierung von Machtzentren im historischen Raum entsteht die Fiktion eines in sich begründeten unbedingten Seins, an dem gemessen die menschliche Existenz in ihrer natürlichen Unmittelbarkeit als unzulänglich erscheint. Man zögert nicht, dem Zentrum das Attribut des Seins zu verleihen, da es Ausdruck einer Vollendung ist, während umgekehrt allen unvollendeten Wesen das Sein abgesprochen wird. Gezwungen, um eine Mitte zu kreisen, die sich selbst als die transzendente Dimension des Seienden bestimmt, hoffen die entwerteten Elemente, in dieser Gravitation einen Teil ihres verlorenen Seins wiederzufinden. In Wirklichkeit aber verlieren die Individuen in dem Maße, in dem das Zentrum die Totalität des Seins repräsentiert, die Möglichkeit einer ganzen, vollständigen Existenz. Sie sind nur mehr Teile einer Komposition, von der sie transzendiert werden.

Religion, Metaphysik und politische Ordnungsvorstellungen scheinen sich unauflösbar in den hypostasierten Zentren des Seins zu verschlingen, die zwar ein Jenseits der menschlichen Existenz bezeichnen, zugleich aber ihren höchsten, absoluten Wert, im Streben nach dem sie ihren Sinn erhält. Die Hypostasierung eines unveränderlichen, in sich begründeten Seins als einer Akkumulation von Seiendem ist gebunden an den Willen zur Dauer als einer Akkumulation von Zeit. Die Bewegungen des Seienden werden von hypostasierten Zentralinstanzen stillgestellt, zumindest aber wird ihnen eine genau kalkulierbare, berechenbare Form gegeben. Das Sein ist nun nicht mehr etwas, das mit der Existenz jedes Einzelwesens gegeben ist und mit ihr untergeht. Es hört auf, etwas Flüssiges und Bewegtes zu sein, das sich beständig von einem Element des Seienden auf ein anderes verschiebt, um zum erstarrten Ausdruck einer ungewissen Transzendenz zu werden, bei der es sich fortan lokalisieren läßt. Umgekehrt besitzt die Existenz nicht mehr einen Wert an sich, sondern wird wertvoll erst in einem Prozeß der Annäherung an die Zentralinstanz des Seins, um die sie nunmehr gravitiert. Das Sein offenbart sich der Existenz – mit anderen Worten – als eine ferne Möglichkeit, die es erst noch zu realisieren gilt, und zwar in einem Prozeß unermüdlicher Anstrengung, der auf die Vollendung des Unmittelbaren zielt. Das Sein wird dergestalt in ein Projekt hineingestellt; zwischen ihm, das als vollendet imaginiert wird, und dem Seienden in seiner offenbaren Unzulänglichkeit vermittelt die Idee der Perfektibilität, die als der methodische Weg zum Sein expliziert wird. Was man dergestalt als das vom Seienden unterschiedene Sein, als Gott oder das Absolute in den Himmel der Vollendung projiziert, ist zugleich das, was die geschichtsträchtige Illusion erweckt, das Sein ließe sich am Ende einer langen fortgesetzten Tätigkeit in eine empirische Form einschließen. Den Bewegungen des menschlichen Lebens wird die Form einer aussichtslosen Flucht auf einen Gipfel zu gegeben, der im Zuge, ihn zu erreichen, immer weiter hinausgeschoben wird. Jeder strebt zu ihm, aber niemand weiß, wo genau er sich befindet.

Doch noch bevor die Idee der Vollendung in den Raum der Geschichte explodiert, hat sie sich im Bild der ägyptischen Pyramide artikuliert. Als ein Grabmal konzipiert, hatte die Pyramide die Bedeutung, den Leichnam des Gott-Königs der Erde zu entreißen. Der Mythologie zufolge sollte der Pharao auf dem versteinerten Sonnenstrahl, den die Pyramide symbolisiert, direkt in den Himmel zum Sonnengott Ra auffahren. Die Pyramide – wie übrigens auch der Obelisk, der nur die militärische Komponente der durch sie symbolisierten monocephalen Organisation des Raumes ausdrückt – repräsentiert eine Ordnung des Lebens und der Dinge, die dadurch gekennzeichnet ist, daß eine Masse von beträchtlicher Macht in einer Spitze, einem einzigen überdimensionalen, weil universellen Kopf akkumuliert ist. Sie ist das Urbild einer Ordnung, von der der schreckeneinflößende Ablauf der Zeit negiert wird. Die Araber sagten von ihr: Alle fürchten die Zeit, die Zeit aber fürchtet die Pyramide. In ihrer steinernen Unvergänglichkeit steht sie ein für etwas Nichtgewordenes, für ein vom Tod nicht bedrohtes, überzeitliches Sein. Die Pyramide ist der bildhafte Ausdruck einer Transzendenz, die dazu tendiert, die Unveränderlichkeit des Steines anzunehmen, der – selbst nicht vom Ablauf der Zeit berührt – das Ensemble der Menschen sterben sieht. Von ihr wird vergöttlicht, was das Leben der Menschen beherrscht.

Seit der Errichtung der Pyramiden aber hat die Menschheit nicht aufgehört, um hypostasierte Zentren eines vollendeten Seins zu gravitieren. Sie sind es, die den architektonischen Räumen von Herrschaft ihre perspektivische Form aufprägen. Keine Anstrengung, die Zeit stillzustellen, hat mehr Menschenopfer gefordert als der Bau der Pyramiden, die die Gegenwart des Himmels auf der Erde und die Aufhebung der Zeit im Raum garantieren. Was sich an den Ufern des Nils zum ersten Mal abzeichnet, ist die Antwort des Steins auf die bewegte Welt eines flüssigen Seins. Die Geschichte wird diese Antwort wieder aufgreifen und endlos variieren. Was die aufeinanderfolgenden Monumente transzendenter Mächte ausdrücken, ist der lange und unsühnbare Kampf der Macht gegen den Tod und die Zeit. Es ist der Kampf einer exklusiven, eifersüchtigen, autoritären Souveränität gegen den zerreißenden und schöpferischen Wahnsinn der menschlichen Existenz, die in der Zeit entsteht und in ihr untergeht.

Der klassische Raum der Macht entsteht also in dem Moment, in dem es gelingt, dem verderblichen Ablauf der Zeit die Illusion einer ewigen Ordnung des Seins und der Dinge entgegenzusetzen. In der Hypostasierung eines als vollendet gedachten Zentrums des Seins gewinnt der Mensch zugleich ein Prinzip, das in die Grenzenlosigkeit des Raumes Grenzen einführt, das seine Gliederung, seine Ordnung ermöglicht. Die Hypostasierung eines ewigen transzendenten Seins hat dem Raum eine hierarchische, auf dieses vollendete Sein hin angelegte, in ihm gipfelnde Struktur verliehen. Und der Architektur fiel seitdem die Aufgabe zu, diesen transzendenten Raum eines vollendeten Seins darzustellen, ihm die Form einer intelligiblen Totalität zu geben, ihn in eine allen faßbare sinnliche Anschauung zu übersetzen. Eine Welt majestätischer und monumentaler Wesen entsteht, die von dem, was die menschliche Existenz in Stücke bricht, nicht berührt und nicht gerührt wird. Dargestellt wird die Ewigkeit eines gedachten, nicht-empirischen Seins, das die vergängliche Existenz der Menschen transzendiert.

Aber die Zeit ist nicht einfach nur aus dem Raum der Darstellung und des Denkens ausgeschlossen worden. Sie selbst wurde in die Perspektive der Vollendung gestellt und zu dem Medium verräumlicht, in dem sich die menschliche Aspiration auf Vollendung erfüllen sollte. Einmal als die Bedingung einer kontinuierlichen Anstrengung definiert, gewinnt auch die Zeit eine neue Form, die unmittelbar aus ihrer Bindung an die Erwartung eines zukünftigen Heils resultiert. Die Zeit verläuft nicht mehr auf zyklischen Bahnen, auf denen alles Geschehen wiederkehrt, sie erhält eine einlineare, irreversible, stetig fortschreitende Struktur. Diese, die Geschichte ermöglichende Zeit läuft unaufhaltsam einer Zukunft zu, die die Aura der erfüllten Erwartung umschleiert. Um der Zeit, die unaufhörlich eine Leere herstellt, entgehen zu können, mußte die Menschheit die Dauer erfinden. Sie mußte einen Raum konstruieren, der als das unveränderliche, felsenfeste Fundament der Existenz gilt. Unter dem Impuls ihrer höchsten transzendenten Wesenheiten affirmiert sie zwischen sich und dem leeren Zentrum die herrschaftsbegründende Beziehung eines Unvollendeten zu einem Vollendeten. Das Zentrum tritt in dieser Konstruktion als ein Indeterminiertes, aber Determinierendes, als ein Unbedingtes, aber Bedingendes, als ein Unbewegtes, das alles in Bewegung versetzt, in Erscheinung. In den dergestalt geschaffenen Räumen, die von Obelisken und Pyramiden, von Pantheoi und Palästen, von Kathedralen und Schlössern und schließlich von Fabriken und Wohnsilos, Gefängnissen und Wolkenkratzern beherrscht werden, hat man die Fiktion einer in sich begründeten Zentralinstanz des Seins auch dann noch weitertradiert, als die Ewigkeit mit dem Tod Gottes in die Zeit gestürzt ist.

Blickt man von heute: das heißt vom Ende des neuzeitlichen Säkularisierungsprozesses auf die Geschichte zurück, so scheint diese, allen Anfechtungen der Aufklärung zum Trotz, durch das hartnäckige Überleben jener metaphysischen und politischen Zentralinstanzen geprägt. Zwar hat sich seitdem ein neues politisches System auf der Negation jener Instanzen etabliert, aber es hat sich auch gezeigt, daß das bürgerliche System in seinen Krisen regelmäßig auf verzweifelte Revivals der zunächst negierten Strukturen zurückgriff. Ja es scheint, als könne die Menschheit ohne die Fiktion eines höchsten Wesens oder absoluten Wertes nicht leben, von denen aus und auf die hin alles intelligibel wird, auch wenn sie selbst sich der Intelligibilität entziehen. Die höchsten Instanzen von Autorität, denen die Menschen im Laufe der Geschichte ihre Existenz unterstellten, definieren einen letzten Zweck, ein höchstes zu erreichendes Gut, was dem menschlichen Handeln eine allgemeine und für alle gleiche Form aufprägt. In ihnen spiegelt sich, durch sie legitimiert sich die

Entstehung historischer Machträume. Zwar sind die verschiedenen Autoritätsinstanzen nicht ohne Anfechtung geblieben. Jede von ihnen ist im Namen eines neuen, höheren, auf jeden Fall aber rationaleren Prinzips von Autorität gestürzt worden. Aber die Kette historischer Revolten hat immer nur zur Absetzung bestimmter Autoritäten geführt, die metaphysische Grundstruktur wurde davon lange Zeit nicht tangiert. Und so wurden zwar einzelne Zwecke abgelöst, entweder weil sich diese im Zuge ihrer Realisierung als unzweckmäßig erwiesen, oder aber weil die Mittel eine Eigendynamik ghentwickelten, die von den ursprünglichen Zwecken wegführte. Immer aber sind neue Zwecke gesetzt worden, höhere, zweifelsfreiere, die sich dann ihrerseits als unzweckmäßig erwiesen. Die Idee des Zweckes, der Zweck des Zweckes, hat seine verschiedenen historischen Erscheinungsformen überlebt. Moses, der die Geschichte initiierte, als er den Aufbruch ins *Gelobte Land* predigte, durfte dieses Land selbst nicht betreten. Und wie ihm geht es seitdem der Menschheit in ihrem Streben nach Erlösung. Franz Kafka hat auf die Notwendigkeit dieses Scheiterns reflektiert, wenn er in seinen Tagebüchern über Moses schreibt: „Die Witterung für Kanaan hat er sein Leben lang; daß er das Land erst vor seinem Tod sehen sollte, ist unglaubwürdig. Diese letzte Aussicht kann nur den Sinn haben, darzustellen, ein wie unvollkommener Augenblick das menschliche Leben ist, unvollkommen, weil diese Art Leben endlos dauern könnte und doch wieder nichts anderes sich ergeben würde als ein Augenblick. Nicht weil sein Leben kurz war, kommt Moses nicht nach Kanaan, sondern weil es ein menschliches Leben war. Dieses Ende der fünf Bücher Moses hat eine Ähnlichkeit mit der Schlußszene der ‚Education sentimentale‘."

Aber kehren wir noch einmal zu Canetti zurück. Wenn seine Analyse die Macht in ihrem Kern erfaßt, wenn der Pfeil, den er gegen die Macht abschießt, tatsächlich ihr Wesentliches trifft, wenn also das, was Canetti beschreibt, die Macht *ist*, dann hat Jean Baudrillard recht, wenn er die These aufstellt, daß die Macht gegenwärtig in die Phase ihres Verschwindens eingetreten ist. Und die schwindelerregenden Ereignisse, deren Augenzeugen wir sind, machen dies am Ende dieses grauenhaftesten aller Jahrhunderte noch einmal deutlich. Jene Macht, die über lange Jahrhunderte hinweg die Geschichte der Menschheit determinierte, scheint tatsächlich von der historischen Bühne abzutreten. Wo sie sich bis in unsere Zeit hinein gehalten hat, ist sie nicht mehr als ein Anachronismus, dessen Tage gezählt scheinen. Aber soll das heißen, daß die Macht für uns heute kein Problem mehr darstellt, daß wir aufhören können, über sie nachzudenken? Oder heißt es nicht vielmehr, mit Foucault den Versuch zu unternehmen, die Macht ohne den Fürsten zu denken und mithin ohne die Sonne der Souveränität? Denn nicht weniger starr als die Macht ist das Geld, und es scheint seine freie Verfügungsgewalt zu sein, die gegenwärtig das Freiheitsversprechen erfüllt. Aber blicken wir nicht nur nach Osteuropa, und vergessen wir vor allem Canettis Warnung nicht, den Überlebenden stets in unsere Spekulationen über das Ende der Macht einzubeziehen. Denn noch immer gibt es ihn, dessen größte Chancen heute wahrscheinlich in der arabischen Welt liegen.

Canettis Begriff der Macht im Lichte der Auffassungen von Hannah Arendt und Michel Foucault

Urs Marti

In der zeitgenössischen Diskussion über das Problem der Macht nimmt Elias Canetti bis heute eine Sonderstellung ein. Er selbst spricht von seiner Einsamkeit, die sich aus der unbeirrten Opposition gegen die Hinnahme der menschlichen Sterblichkeit erklärt; überdies hat er sich bewußt über die methodologischen Konventionen der Sozialwissenschaften hinweggesetzt. Wenige Gelehrte haben mit ihm den Dialog gesucht, zu ihnen gehören weder die 1975 verstorbene Hannah Arendt noch der 1984 verstorbene Michel Foucault. Zwar haben sich beide eingehend mit diversen Erscheinungsformen der Macht befaßt, mit Canetti haben sie sich indes nicht auseinandergesetzt, und nichts weist darauf hin, daß sie von seinem Werk *Masse und Macht* Kenntnis genommen hätten. Daß auch zwischen den Machtanalysen von Arendt und Foucault bis heute kein Vergleich versucht worden ist, sei hier nur nebenbei erwähnt.

Das Ziel meines Beitrags ist es, einige Elemente zu bestimmen, die es erlauben, die unterschiedlichen Machtauffassungen von Canetti, Arendt und Foucault miteinander in Beziehung zu bringen. Überdies werde ich versuchen, die drei diskutierten Entwürfe in einem umfassenderen ideengeschichtlichen Zusammenhang zu lokalisieren. Selbstverständlich ist mir die Gefahr solcher Zuordnungen bewußt; leicht werden damit komplexe Fragestellungen vereinfacht, in ihrer Originalität nicht ernst genommen, ja verfälscht. Ein solcher Versuch scheint mir jedoch hilfreich zu sein, sobald es gilt, die verschiedenen Ansätze miteinander in Beziehung zu bringen.Die Suche nach Gemeinsamkeiten kann im Rahmen dieses Beitrags nur zu Ergebnissen führen, wenn ich mich auf wenige Aspekte beschränke. Zwei Abschnitte aus dem Kapitel über die „Elemente der Macht" scheinen mir diesbezüglich besonders geeignet zu sein. Das Spiel von Frage und Antwort, die Verfahren der Prüfung und des Verhörs gehören zu den Themen, die Foucault in seinem machtanalytischen Hauptwerk – *Überwachen und Strafen* – behandelt, während der Zusammenhang von Macht und Verzeihen in Hannah Arendts *Vita activa* erörtert wird.

Rufen wir uns zunächst Canettis Thesen im Abschnitt über „Frage und Antwort" in Erinnerung. Er vergleicht die Frage, wo sie als Mittel der Macht eingesetzt wird, mit dem Messer des Chirurgen. Sie erregt Schmerz, wenn sie in den Leib des Befragten eindringt. Der Fragende übt Macht aus, der Befragte unterwirft sich in dem Maße, wie er antwortet und damit dem Fragesteller etwas von sich selbst, etwas, das üblicherweise verborgen bleibt, zu erkennen gibt. Ist er nicht stark genug, sich mit Gegenfragen zur Wehr zu setzen, dann liegt seine Chance des Widerstandes vor allem in der Verstellung. Er kann sich auf seine „innere Rüstung" zurückziehen, kann sein Geheimnis hüten. Sein Schweigen läßt den Angriff der

Frage abprallen. Hartnäckiges Schweigen jedoch führt den Gegner dazu, das Mittel der peinlichen Befragung, die Folter in Anwendung zu bringen. Ganz allgemein läßt sich sagen, daß die Freiheit des Menschen mit jeder Antwort, die er gibt, eingeschränkt wird. Während der Fragende von überall her angreifen kann, wird der Antwortende an einem bestimmten Ort festgehalten und ist umso leichter zu treffen. Die erste und vielleicht verfänglichste Frage gilt der Identität, sie zwingt dem Befragten ein Bekenntnis ab. Sokrates ist in der Geschichte der abendländischen Philosophie der erste, der auf jede herkömmliche Art der Machtausübung verzichtet und seine Überlegenheit allein durch seine Fragen sichert. In jeder Kultur sind indes gewisse Konventionen wirksam, die den Bereich des Erfragbaren einschränken. Auf der anderen Seite wird das Recht, Fragen zu stellen – stärker ausgedrückt: das Verhör –, zum Privileg einer Institution. Canetti erwähnt die polizeiliche Erfassung, deren Ziel es ist, Antworten zu sammeln und die Identität von Menschen lückenlos festzustellen. Die Macht des Richters schließlich gründet sich auf seine Allwissenheit in bezug auf die Identität und auf die verschiedenen Aufenthalte des Angeklagten. Ihm kommt es ja übrigens auch zu, zwischen Gut und Böse zu scheiden, den Feind auszugrenzen und zu verurteilen.[1]

Soweit Canettis Ausführungen in *Masse und Macht*. Es fällt nicht schwer, zwischen diesem kurzen Text und Foucaults machtanalytischen Studien eine ganze Reihe von Affinitäten zu finden. Werfen wir zunächst einen Blick in sein vielleicht wirkungsreichstes Werk, *Überwachen und Strafen*. Foucault vertritt darin die These, daß sich zu Beginn des 19. Jahrhunderts die Einsperrung als die allgemeinste Form der Bestrafung durchgesetzt hat, und daß das Gefängnis hauptsächlich deshalb so wichtig geworden ist, weil es erlaubt, Menschen zu überwachen, zu manipulieren und auf diesem Weg ein Wissen über sie zu akkumulieren. Das Gefängnis ist laut Foucault ein ideales Laboratorium, worin die Menschen Experimenten unterzogen werden. Ziel solcher Experimente ist die Disziplinierung menschlichen Verhaltens, sie wird aus ökonomischen Motiven angestrebt und soll sich gemäß den Vorstellungen ihrer Lobredner in allen gesellschaftlichen Bereichen durchsetzen. Experimentiert wird übrigens nicht nur in Strafanstalten, sondern auch in weiteren mehr oder weniger geschlossenen Anstalten, in Spitälern, in Schulen, ja in Fabriken. Zu den Verfahren der Überwachung und Disziplinierung gehört neben vielen anderen die Prüfung; mit ihrer Hilfe werden die Menschen aus bloßen Objekten der Machtausübung zu Subjekten, die kraft ihres eigenen Verhaltens den Erfolg ihrer Abrichtung beweisen; sie werden also nicht bloß dazu aufgefordert, ihr Wissen und Können unter Beweis zu stellen, sondern sie bekunden mit ihrer Reaktion, mit ihrer Antwort, ihr Einverständnis mit den vom Examinator vorgegebenen Normen. Mit Hilfe der Prüfung wird es auch möglich, zahlreiche Kenntnisse über den Menschen zu sammeln; ihr kommt also, wie Foucault glaubt, in der Entstehungsgeschichte der Humanwissenschaften eine erstrangige Bedeutung zu. Ohne weiteres erkennt man in Foucaults Analysen, die er selbst als Genealogie bezeichnet hat, das von Canetti beschriebene Grundmuster des Frage- und Antwortspiels. Auch die Identifikation und die Klassifikation sowie die Definitions- und Normierungsmacht des Richters werden als Werkzeuge der Macht aufgelistet. In späteren Untersuchungen hat Foucault dem Geständnis besondere Aufmerksamkeit geschenkt. Der Geständniszwang, wie er – immer gemäß Foucaults Darstellung – von der christlichen Seelsorge erfunden und von der modernen Sexualwissenschaft perfektioniert worden ist, leistet seinen Beitrag zur Herausbildung von restlos beherrschbaren und in ihrem Verhalten berechenbaren Untertanen. In diesem Kontext bedeutet Antwort ebenfalls: Unterwerfung. Schließlich sei noch erwähnt, daß Foucault im Rahmen seiner Reflexion über den Willen zur Wahrheit, wie er heutzutage vor allem im Wahrheitsanspruch der Wissenschaften zum Ausdruck kommt, an die sokratisch- platonische Dialog-Strategie erinnert. Indem Sokrates und Platon die Überredungskünste der Sophisten und Eristiker als eine Macht der Täuschung denunzieren, erheben sie die wahre Rede zu einer neuen, eigenständigen Macht, die nicht mehr vom Status des Sprechenden abhängt (*Die Ordnung des Diskurses*). Bei diesen bekannten Aspekten von Foucaults Machttheorie will ich hier aber nicht länger verweilen, stattdessen auf einen etwas spezielleren Punkt hinweisen.

Canettis Metapher vom Messer des Chirurgen läßt an Foucaults frühes Werk über *Die Geburt der Klinik* denken. Es geht darin um den Übergang von der klassifikatorischen zur anatomisch-klinischen Medizin an der Wende vom 18. zum 19. Jahrhundert. Gemäß der neuen Anschauungsweise ist eine Krankheit dann erkennbar, wenn sie im menschlichen Körper lokalisiert werden kann. Der Körper öffnet sich dem ärztlichen Blick erst vollständig, wenn er tot ist; die Krankheit beweist die unvermeidliche Degeneration alles Lebendigen. Aus dieser Beobachtung leitet Foucault grundlegende Spekulationen über die Möglichkeitsbedingungen der Humanwissenschaften her. Die anthropologische Denkstruktur, so behauptet er, vermag ein positives Wissen über den Menschen nur zu gewinnen, indem sie ihn als endliches, sterbliches Wesen definiert. Wenn Foucault indes vom Tod des Menschen in der zeitgenössischen Wissenschaft spricht – ich erinnere an die berühmt-berüchtigte These, die seinem umstrittenen Werk *Die Ordnung der Dinge* zugrundeliegt –, so meint er lediglich, daß ein sterbliches Wesen, das zum Objekt des Wissens geworden ist, nicht zugleich allmächtiges Subjekt jeder Erkenntnis – also transzendentales Subjekt im Sinne von Kant – sein kann. Interessant für unseren Zusammenhang ist der Umstand, daß Foucault zu Beginn der 70er Jahre die rein erkenntnistheoretische Ebene der Spekulation verlassen und seine Aufmerksamkeit auf die Machtwirkungen der Humanwissenschaften, auf den Komplex von Wissen und Macht gelenkt hat: nicht mehr als sterbliches, sondern als zu identifizierendes Wesen kommt der Mensch jetzt in Betracht.

Foucault hat sich lange Zeit mit den Internierungspraktiken im vorrevolutionären Frankreich befaßt. Daraus ist ein schöner und wenig bekannter Text entstanden, der 1977 unter dem Titel *Das Leben der infamen Menschen* erschienen ist. Die „infamen Menschen" – das sind jene unglücklichen Existenzen, die von ihrer Familie ausgestoßen worden sind, die die religiösen und moralischen Normen verletzt haben, die aus ihrem seelischen Gleichgewicht geraten sind oder zumindest als psychisch krank erklärt worden sind –, kurz: Menschen, die sich nicht angepaßt haben. Sie werden als Gesellschaftsfeinde auf Geheiß der königlichen Verwaltung interniert; es sind Leute, die in der Perspektive des Historikers ohne Bedeutung sind; aber gerade sie haben auf Foucault eine eigenartige Faszination ausgeübt. Die Geschichte hätte sie längst vergessen, gäbe es da nicht die Internierungsregister, die von ihrem anstößigen Lebenswandel und von ihrer Entmündigung Kunde geben. Natürlich verraten diese Register nichts über die individuellen Schicksale, sie enthalten lediglich Namen, verknüpft mit knappen Bemerkungen über abweichendes Verhalten. Auf diese Tatsache will Foucault die Aufmerksamkeit lenken: „Alle diese Leben, die dazu bestimmt waren, unterhalb jedes Diskurses vorüberzugehen und zu verschwinden, ohne jemals gesagt worden zu sein, haben Spuren – kurze, einschneidende, rätselhafte oft – nur an der Spitze ihrer plötzlichen Berührung mit der Macht hinterlassen können. (...) Die kurzen und gellenden Sprüche, die zwischen der Macht und den unwesentlichsten Existenzen hin und her fahren, sind für diese das einzige Denkmal, das man ihnen je zugestanden hat."[2] Ich möchte diesen Text mit einem späteren vergleichen, in dem Foucault seine Vorstellungen von Herrschaft und Widerstand konkretisiert hat. Es handelt sich um einen Essay zum Problem von Macht und Subjektivität, der kurz vor seinem Tod erschienen ist. Ausgangspunkt sind die neuen Formen des sozialen Protestes, die vom Feminismus über die Antipsychiatrie bis hin zur Infragestellung der Autorität von Staat und Verwaltung reichen. Gemeinsam ist diesen Bewegungen laut Foucault der Widerstand gegen eine wissenschaftlich-administrative „Inquisition", die die Identität der Menschen festlegt und demnach ihre Individualität leugnet und die Chancen spontaner Entfaltung verhindert. Ziel des Widerstands muß es nach Foucault sein, sich den allzu neugierigen Blicken der Menschenverwaltung zu entziehen, die gewaltsamen, voreiligen Identitätszuschreibungen nicht zu akzeptieren und gleichsam in den Untergrund der Anonymität hinabzutauchen, um neue Lebensmöglichkeiten zu erproben.

Ich habe auf diese beiden Texte hingewiesen, weil darin das von Canetti beschriebene Verhältnis von Macht und Überleben verkehrt wird. Foucault setzt sich nicht mit der Figur des einsamen Siegers, des Überlebenden auseinander. Wenn – so Foucault – in unzähligen Archiven Dokumente gesammelt worden sind, die eine – wenn auch nur blasse und einseitige – Erinnerung an die Leben so vieler Menschen enthalten, dann ist dies einzig den Bedürfnissen von Institutionen zu verdanken, die die Macht repräsentieren. Die Macht interessiert sich brennend für das Leben der Menschen, das sie in allen ihr relevant erscheinenden Details aufzubewahren bemüht ist. Gerade deshalb ist es indes dem Historiker möglich, die verborgenen Strategien der Macht zu rekonstruieren. Foucault würde sich also gewiß nicht jenem Wunsch anschließen, den Canetti 1943 notiert hat: „Man möchte die Geschichte so zerschneiden, daß ihre Fetzen unauffindbar sind, selbst für einen ganzen Bienenstock von Historikern."[3] Freilich erfolgt daraus kein Widerspruch zwischen den Anliegen der beiden Denker: Foucault ist ein respektloser Historiker, der seine Aufgabe nicht darin erblickt, dem Geschehenen die Absolution zu erteilen. Den Unterschied zwischen Canetti und Foucault sehe ich primär im Erklärungsanspruch: während Canetti das Phänomen der Macht im Rahmen einer umfassenden anthropologischen Perspektive zu verstehen sucht, befaßt sich Foucault vorrangig mit der neuzeitlichen Verknüpfung von sozialen Institutionen, politisch-administrativen Strategien und wissenschaftlichen oder als wissenschaftlich anerkannten Diskursen. Gemeinsam ist beiden Machtanalytikern der immer wieder unternommene, wenn auch kaum reflektierte Rückgriff auf den menschlichen Leib, der allein der Macht zu widerstehen scheint.

Beifügen muß ich, daß ich Foucaults spätere Versuche, einerseits die Macht genauer zu definieren und von Herrschaft zu unterscheiden, andrerseits die ethischen Aspekte der Macht in Betracht zu ziehen, bewußt nicht berücksichtigt habe.

Den Vergleich zwischen Canetti und Hannah Arendt möchte ich beginnen mit einer Überlegung über den Wert der Verzeihung im Umgang mit der Macht. Canettis Argumentation in *Masse und Macht* lautet wie folgt: Jeder Mensch verfügt über die Macht des Verzeihens.

Menschen paranoischer Struktur und Machthaber indes verzeihen allenfalls zum Schein; sie sind nicht imstande, auch nur das Geringste, was ihnen wirklich oder vermeintlich angetan worden ist, zu vergessen und zu vergeben. Erst wenn sich der Gegner unterwirft, kann ihm verziehen werden. Der Typus eines solchen Machthabers ist für Canetti der biblische Gott. „Das Interesse des biblischen Gottes an jedem, die Zähigkeit und Sorge, mit der er keine Seele vergißt, mag als hohes Vorbild für jeden Mächtigen dienen. Er hat auch den verwickelten Handel mit Vergebungen eingerichtet, wer sich ihm unterwirft, den nimmt er wieder in Gnade auf." Der Machthaber kann nicht nur den Gesetzesbruch bestrafen, er kann auch vergeben: „Die *Gnade* ist ein sehr hoher und konzentrierter Akt der Macht, denn sie setzt die Verurteilung voraus."[4]

In Hannah Arendts Buch *Vita activa* trägt ein Kapitel die Überschrift „Die Unwiderruflichkeit des Getanen und die Macht zu verzeihen". Auch hier möchte ich das für den Zusammenhang relevante Argument kurz angeben. Was der Mensch als handelndes, d. h. politisches Wesen tut, ist unwiderruflich und in seinen Folgen unabsehbar. Doch aus den Möglichkeiten des Handelns selbst erwachsen auch die Gegenmittel. Das Verzeihen ermöglicht es uns, die Handlungen anderer gleichsam ungeschehen zu machen, und dank des Versprechens vermögen wir der Ungewißheit der Zukunft etwas Zuverlässiges entgegenzusetzen. Wichtig ist, daß beide Akte nur unter der Bedingung der Pluralität, innerhalb einer Gruppe gemeinsam handelnder Menschen möglich sind, und daß sie einen neuen Anfang herbeiführen können. „Die Fähigkeiten zu verzeihen und zu versprechen sind in dem Vermögen des Handelns verwurzelt; sie sind die Modi, durch die der Handelnde von einer Vergangenheit, die ihn auf immer festlegen will, befreit wird und sich einer Zukunft, deren Unabsehbarkeit bedroht, halbwegs versichern kann. Als solche sind diese Fähigkeiten geeignet, in der Politik bestimmte Prinzipien zu konstituieren, die sich von den ‚moralischen' Maßstäben, welche die Philosophie seit Plato der Politik vorzuschreiben versucht, grundsätzlich unterscheiden."[5]

Anhand dieser kurzen Ausführungen läßt sich bereits abschätzen, wie stark sich der Machtbegriff Arendts von demjenigen Canettis unterscheidet. Mit Gewalt und Herrschaft, mit Überwältigung, Unterwerfung, Zerstörung hat ihre Konzeption nichts zu tun. In ihrem 1970 veröffentlichten Essay über *Macht und Gewalt* hat sie der in der Soziologie und Politologie bis heute gängigen Gleichsetzung von Macht, Gewalt, Herrschaft und Autorität entschieden widersprochen. Wichtig ist für uns vor allem ihre Definition der Macht. „*Macht* entspricht der menschlichen Fähigkeit, nicht nur zu handeln oder etwas zu tun, sondern sich mit anderen zusammenzuschließen und im Einvernehmen mit ihnen zu handeln."[6] Arendt hätte folglich auch Canettis These nicht akzeptieren können, wonach der Unterschied zwischen Macht und Gewalt rein zeitlicher Natur ist.[7] Zwar betonen Canetti wie Arendt, daß das Wort Macht sich nicht von „machen", sondern von vermögen herleitet[8]; doch die Konsequenzen, die sie aus dieser Etymologie ziehen, sind höchst unterschiedlich. Das Vermögen, das Canetti beschreibt, ist im gesellschaftlichen Raum ungleich, hierarchisch verteilt – in diesem Punkt unterscheidet er sich nicht von der Mehrzahl der politischen Theoretiker . Laut Arendt kann von Macht erst dann die Rede sein, wenn das Vermögen, politisch zu handeln, unter freien Menschen gleichmäßig verteilt ist. Macht ist nie im Besitz eines Einzelnen, sie entsteht zwischen Menschen, die sich zu gemeinsamem Handeln entschlossen haben, sie ruft den öffentlichen Bereich überhaupt erst ins Dasein.

Im privaten Bereich hingegen, wo Menschen durch Gewalt zu einem bestimmten Verhalten gezwungen werden können, fehlt die Macht. Gewalt kann Macht nicht ersetzen, nur zerstören. Man kann noch weiter gehen und behaupten, daß totale Herrschaft – ungeachtet ihres unbegrenzten Gewaltmonopols – die Herrschaft der Ohnmacht ist. Ich möchte eine Stelle aus Arendts historischer Abhandlung *Elemente und Ursprünge totaler Herrschaft* zitieren: „Wem es wirklich um Macht zu tun ist, der muß den unter Menschen unabdingbaren Preis zahlen, auf das Herrschen aus einer Distanz zu verzichten, und sich in den Raum begeben, wo Macht entsteht, nämlich in den Zwischenraum, der zwischen Menschen sich bildet, die etwas Gemeinsames unternehmen. In ihm wächst dann gleichsam von selbst jedem einzelnen Macht zu, wenn alle zusammen zu handeln beginnen."[9] Ich denke, daß sich gerade in unseren Tagen gute Beispiele geben lassen, die den Sinn dieser differenzierten Begriffsbildung illustrieren. Der sowjetische Staat ist dank dem von Gorbatschow initiierten Umbau mächtiger geworden, und dies, obwohl Gorbatschows Herrschaft stärker gefährdet ist als die stalinistische Diktatur, und obwohl er im Gegensatz zu seinen Vorgängern auf Gewalt zu verzichten bemüht ist. Diese Macht ist das Produkt einer neuen Öffentlichkeit, einer breiteren Partizipation an der politischen Auseinandersetzung.

Ein weiteres Element von Arendts politischer Theorie verdient hier Beachtung. Dem politischen Handeln kommt deshalb eine so große Bedeutung zu, weil sich darin die menschliche Fähigkeit manifestiert, einen neuen Anfang zu setzen. Politik, so hat es Arendt einmal kühn formuliert, ist jener Bereich, in dem Wunder tatsächlich geschehen, weil nämlich echtes politisches Handeln einen Eingriff in den für unveränderbar und berechenbar gehaltenen Lauf der Dinge darstellt.[10] Im Gegensatz zur philosophisch-religiösen Tradition legt sie das Gewicht nicht auf die Sterblichkeit, sondern auf die Gebürtlichkeit des Menschen. Weil der Mensch als ein Neuanfang in der Welt erscheint, vermag er selbst die Welt zu verändern. Von dieser seiner vornehmsten Fähigkeit geben die Revolutionen Kunde; dies ist ein Leitmotiv ihres Buches *Über die Revolution*.

Politik steht aber nicht nur in Beziehung zur Gebürtlichkeit des Menschen, sie ist auch, wie Arendt dargelegt hat,[11] ursprünglich beseelt „von der Hoffnung auf eine weltlich-irdische Unsterblichkeit". Dank ihr vermögen die Menschen die Gesetze der Biologie außer Kraft zu setzen und etwas zu schaffen, was Dauer hat. In der antiken Polis ist diese Hoffnung lebendig, während das Christentum sie mit der Entwertung des Diesseitigen zerstört hat. Arendt hat jedoch bei verschiedenen Gelegenheiten die Überzeugung ausgesprochen, daß sie in der modernen Erfahrung der Rätedemokratie erneut aktuell geworden ist. Ganz allgemein und in Anspielung auf jene Begriffe, die für Canetti zentral sind, ließe sich also mit Hannah Arendt sagen: Was menschliche Macht geschaffen hat, vermag zu überleben. Nie würde sie sich indes Canettis Urteil anschließen, wonach die Passion der Macht an die Tatsache des Todes gebunden ist.[12]

Schließlich bleibt noch hinzuweisen auf den Umstand, daß Arendts wertpositiver Machtbegriff auf der strengen Unterscheidung zwischen der öffentlichen und der privaten Sphäre beruht, auf einer Unterscheidung also, die für Canetti nicht maßgeblich ist. Er vertritt vielmehr die Ansicht – übrigens wiederum in Übereinstimmung mit einer starken philosophischen Tradition, die mit Plato einsetzt –, daß die Öffentlichkeit dem Menschen seine Redlichkeit nimmt.[13]

Ich will jetzt abschließend versuchen, einen ideengeschichtlichen Zusammenhang zwischen den drei Positionen zu konstruieren. Stark vereinfacht lassen sich in der Kritik der Macht, wie sie sich im Laufe des letzten Jahrhunderts entwickelt hat, zwei Tendenzen unterscheiden. Gemeinsam ist beiden Auffassungen die folgende Analyse des historischen Prozesses: Die Auflösung der feudalen Gesellschaft, die Zerstörung der ständischen Einbindung, hat einerseits zu einer sozialen Atomisierung, andrerseits zur Herausbildung einer zentralisierten Staatsmacht geführt; die Menschen gewinnen zwar Freiheit im Hinblick auf die Art und Weise, wie sie ihr Leben gestalten und ihre Tätigkeit wählen, doch dem Zugriff von seiten des Staates sind sie in zunehmendem Maße ausgeliefert; herausgerissen aus den herkömmlichen korporativen Strukturen werden sie isoliert und zu ohnmächtigen Atomen degradiert. Diese Prozesse werden begleitet vom Aufstieg des Kapitalismus, der in den Augen seiner Kritiker den Primat der Ökonomie über alle übrigen Lebensbereiche, die Aushöhlung aller Werte durch die Interessen des Profits, des Konsums und der hemmungslosen Vermehrung bedeutet. In dieser Diagnose stimmen beide Auffassungen überein, was sie voneinander trennt, ist die Bewertung des Politischen.

Gemäß der ersten Richtung – man kann sie die konservative nennen – stellt die Französische Revolution eine fundamentale Politisierung des menschlichen Alltags dar; diese ist von Übel, weil sie bei den Menschen den Glauben erweckt, alles lasse sich verändern. Gemäß der zweiten, progressiven Richtung liegt gerade in der Politisierung die Chance, der drohenden Allmacht des Ökonomischen mittels eines auf breiter Partizipation beruhenden Systems öffentlicher Kontrolle und Organisation entgegenzuwirken. Die erste Auffassung vertritt in moderater Form Tocqueville, in pointierter Weise der von ihm inspirierte Jacob Burckhardt. Die zweite Auffassung findet sich ebenfalls bei Tocqueville, ist aber aufgrund der vorwiegend konservativ ausgerichteten Tocqueville-Rezeption weniger beachtet worden. Noch vor Tocqueville – und darauf ist gerade in der heutigen politischen Konjunktur besonderer Nachdruck zu legen – hat Marx ganz ähnliche Gedanken entwickelt, ich erinnere nur an sein schönes Bild von der Philisterwelt als der politischen Tierwelt.[14]

Akzeptiert man diese Typologie, so wird man Canetti und den ganz stark von Nietzsche geprägten Foucault eher der konservativen, Hannah Arendt dagegen der progressiven Seite zuordnen. Diese Zuordnung bezieht sich wohlverstanden einzig auf die Art und Weise, wie die Macht wahrgenommen wird, nicht auf den politisch-weltanschaulichen Standpunkt.

Bereits als 14jähriger Schüler entdeckt Canetti im Bücherschrank der „guten Jungfern" der Pension Villa Yalta in Zürich den Basler Historiker Jacob Burckhardt. Dessen Buch über die *Kultur der Renaissance* bestärkt ihn in seinem Mißtrauen vor der Macht, wie er in der Autobiographie berichtet.[15] 1973 schreibt er das folgende Bekenntnis nieder: „Du verdankst Burckhardt viel:/ seiner Weigerung gegen jedes System aus der Geschichte;/ seinem Gefühl davon, daß nichts *besser* geworden war, im Gegenteil eher schlechter;/ seinem Respekt vor allem *Gestalteten*, im Gegensatz zum Begrifflichen;/ seiner Wärme für wirklich gelebtes Leben, von der Zartheit seines Verzichts genährt;/ seiner unverschönten Kenntnis der Griechen;/ seinem Widerstand gegen Nietzsche, früh für mich eine Warnung. (...) Kein Historiker des vorigen Jahrhunderts, den ich so uneingeschränkt bewundere."[16] Wichtige Motive der konservativen Kulturkritik klingen hier an: die Absage an den Fortschrittsglauben, der Protest gegen das abstrakt-rationalistische Denken im Namen ursprünglicher Erfahrungen. Nur am Rande möchte ich anmerken, daß Canetti zwar mit Recht den Gegensatz zwischen Burckhardt und Nietzsche betont, daß aber der junge Nietzsche ebenfalls ganz stark im Banne von Burckhardt gestanden und dessen Urteil sich zu eigen gemacht hat, wonach die Macht böse ist. Als brutal und sinnlos bietet sich auch ihm die Geschichte dar. Bei Canetti heißt es in den Aufzeichnungen von 1943: „Ich hasse den Respekt der Historiker vor Irgendetwas, bloß weil es geschehen ist, ihre gefälschten, nachträglichen Maßstäbe, ihre Ohnmacht, die vor jeder Form von Macht auf dem Bauche liegt."[17] „Servile Gesinnung und Devotion vor dem Faktum" hat Nietzsche 1875 den deutschen Historikern vorgeworfen.

Was die Differenzen zwischen Canetti und Arendt betrifft, so sei hier kurz an ihr jeweiliges Verhältnis zu Hobbes erinnert. Canetti wie Arendt haben in ihm ihren eigentlichen Antipoden entdeckt, doch ihre Opposition entspringt unterschiedlichen Motiven. Canetti hält 1949 bezüglich des englischen Philosophen fest: „Ich glaube, ich habe in ihm die geistige Wurzel dessen gefunden, wogegen ich am meisten ankämpfen will. Er ist der einzige Denker, den ich kenne, der die Macht, ihr Gewicht, ihre zentrale Stellung in allem menschlichen Gebaren nicht verhüllt; er verherrlicht sie aber auch nicht, er läßt sie einfach stehen."[18] Besonders hoch rechnet es Canetti Hobbes an, daß er die Angst als die seinem Denken zugrundeliegende Erfahrung nicht verdrängt hat; seine Gedanken freilich hält er, von wenigen Ausnahmen abgesehen, nicht für richtig. Vergleichen wir diesen respektvollen Umgang mit dem „Feind" mit dem harten Urteil, das Hannah Arendt in ihrem frühen Essay *Über den Imperialismus* über den Autor des *Leviathan* gefällt hat: „Seine Philosophie, auf deren nackte Brutalität die Elite der Bourgeoisie sich erst in unserer Zeit zu berufen wagt, nimmt nur voraus, was sich am Anfang bereits klar abzeichnete. (...) Erst nach der ... Abschlachtung der Communards (1871) hat sich die Bourgeoisie so sicher gefühlt, daß sie daran denken konnte, die Hobbessche Philosophie zu akzeptieren und den von Hobbes entworfenen Staat zu planen."[19] Als einziger Denker von Rang hat Hobbes laut Arendt das „letzte Geheimnis der Macht" aufgedeckt. Doch erst im Zeitalter des Imperialismus hat die bürgerliche Elite „erfahren und ist bereit zuzugeben, daß die radikalste Form der Herrschaft wie des Besitzes die Vernichtung ist." Während also Canetti Hobbes korrigieren, ja widerlegen will, erkennt Arendt in ihm den konsequenten Verkünder einer Ideologie, die in der europäischen Geschichte zwar gesiegt hat, die aber in der Praxis widerlegt werden kann, sobald die Menschen sich auf ihre Aufgabe als Citoyens, als politisch handelnde Wesen besinnen.

Canettis Erzählungen über das Wesen der Macht scheint die Perspektive des Leidens, des Erleidens zugrundezuliegen; bei Arendt dagegen kommt die Hoffnung – man kann durchaus sagen: eine utopische Hoffnung – zur Geltung. Freilich hat diese Hoffnung mit der Apologie des Bestehenden nichts gemein. Arendts republikanische Utopie steht in entschiedenem Widerspruch zur real existierenden Demokratie, zur Unterwerfung der Politik unter die Ökonomie. In Sachen der Freiheit – so hält sie in ihrem Buch *Über die Revolution* fest – ist auf ein „wie immer geartetes Wirtschaftssystem" kein Verlaß. Damit widerspricht sie explizit der Identifikation von Freiheit und Kapitalismus.[20] Nur eine rätedemokratische Organisationsform vermag ihr zufolge die Autonomie des Politischen zu garantieren.

Die Dimension der Hoffnung fehlt in Canettis Werk, aber wir wissen auch, warum sie fehlen muß. 1982 schreibt er: „Es wird die Form von ‚Masse und Macht' noch zu seiner Stärke werden. Mit der Fortsetzung hättest du dieses Buch durch deine Hoffnungen zerstört. So wie es jetzt ist, zwingst du die Leser dazu, *ihre* Hoffnungen zu suchen."[21]

Anmerkungen

1 Elias Canetti: „Masse und Macht", Frankfurt am Main 1980, S. 332 f.

2 Michel Focault: „Das Leben der infamen Menschen", in „Tumult" 4, 1982, S. 45

3 Elias Canetti: „Die Provinz des Menschen. Aufzeichnungen 1942–1972", Frankfurt am Main 1976, S. 32

4 „Masse und Macht", S. 333 f.

5 Hannah Arendt: „Vita activa oder Vom tätigen Leben", München/Zürich 1985, S. 239

6 Hannah Arendt: „Macht und Gewalt", München/Zürich 1987, S. 45

7 Siehe Canettis „Masse und Macht", S. 313 f.

8 Siehe „Masse und Macht", S. 313 und „Vita activa", S. 194

9 Hannah Arendt: „Elemente und Ursprünge totaler Herrschaft", München/Zürich 1986, S. 726

10 Siehe Hannah Arendt: „Vita activa", S. 166 f. und „La politique a-t-elle finalement encore un sens?", in „Ontologie et politique.Actes du Coloque Hannah Arendt". Edité par Miguel Abensour e.a. Paris 1982.

11 Siehe H Arendt: „Vita activa", S. 307

12 Siehe Elias Canetti: „Das Gewissen der Worte", Frankfurt am Main 1975, S. 32

13 Siehe Elias Canetti: „Das Geheimherz der Uhr.Aufzeichnungen 1973–1985", Frankfurt am Main 1987, S. 9

14 Siehe Marx-Engels-Werke, Berlin Ost 1956 ff., Band 1, S. 339

15 Elias Canetti: „Die gerettete Zunge", Frankfurt am Main 1979, S. 220

16 Elias Canetti: „Das Geheimherz der Uhr", S. 8 f.

17 Elias Canetti: „Die Provinz des Menschen. Aufzeichnungen 1942–1972", S. 32

18 Ebd. S. 129

19 Hannah Arendt: „Über den Imperialismus", in „Die verborgene Tradition", Frankfurt am Main 1976, S. 25

20 Hannah Arendt: „Über die Revolution", München/Zürich 1985, S. 280

21 Elias Canetti: „Das Geheimherz der Uhr", S. 161

Canetti bei uns

Tibor Pichler

Ich möchte vorausschicken, daß ich kein Canetti-Spezialist bin. Wenn ich dennoch über Canetti spreche, dann tue ich es auf dem Hintergrund meiner persönlichen Erfahrung mit seinen Konzepten *Masse und Macht*, in denen er die eigentlichen Existenzialien des Menschen erblickt. Nietzsche sagte einmal: „Wofür man vom Erlebnisse her keinen Zugang hat, dafür hat man kein Ohr."

Nun, ich glaube bei mir ein Ohr für Canetti entdeckt zu haben, und ein Erlebnis ist natürlich auch da: das Erlebnis des 17. November 1989 – ein Ereignis für Masse und Macht.

Masse und Macht ist ein Werk, das in einfachen, verständlichen, wissensgeladenen, aber unprätentiösen Sätzen zu Protokoll gibt, wie Masse und Macht funktionieren. Deswegen ist es nicht verwunderlich, daß dieses Werk in der Universitätsbibliothek zu Bratislava zwar vorhanden, aber eigentlich nie zuhanden war, da es zur eingesperrten Masse umkehrungsverdächtiger Bücher gehörte, die als „Z-Fonds", als „besonderer Fonds" bezeichnet wurden. Canetti war also bei uns, aber wir konnten leider nicht zu ihm. Ein Trost blieb uns allerdings gegönnt: *Die Blendung*, 1984 ins Tschechische, jedoch nicht ins Slowakische übersetzt und in einer lächerlich geringen Auflage erschienen, gelangte nicht einmal in die Bücherregale der Buchhandlungen. Die wenigen Exemplare, die von Prag aus verschickt werden konnten, wanderten auf unsichtbare Art und Weise in die bereits ausgestreckten Hände *kienesker* Meistleser mit Konnexionen.

Der 17. November 1989 war der Auslösertag der Umkehrungsmasse. Die Umkehr, die sie brachte, war eine Abkehr von dem was war – ein Akt der Befreiung von Menschen und Büchern. Canettis *Masse und Macht* konnte endlich bei uns einkehren und sein Geheimnis kundgeben. Ich eilte in die Universitätsbibliothek und holte mir das Werk. Ich hielt es in den Händen und stellte fest, daß es, abgesehen von der Berührung durch den „Bücherwart", der ihm eine Nummer nebst besonderem absonderndem Gütesiegel, eben jenem Buchstaben „Z" verpaßte, unberührt war. Ich war des Exemplares Erstleser, und was las ich heraus?

Es war unmöglich, das Buch zu lesen, ohne an die jüngste Vergangenheit, an die Ereignisse der letzten Wochen zu denken, ohne Gelesenes mit Erlebtem zu vergleichen. Die schlichte Wahrheit Canettischer Sätze tat sich dabei so richtig kund, obwohl man speziell im Kapitel „Masse und Geschichte" die Einbeziehung Osteuropas und seiner Völker ein wenig vermißt.

1989 war das Jahr des bicentennaire der Französischen Revolution, wer hätte da bei all den Diskussionen und Symposien daran gedacht, daß das Jahresende uns eine Kettenreaktion revolutionärer Umwälzungen in osteuropäischen Ländern bescheren würde. So ist dieses Jahr schließlich und endlich in die Geschichte eingegangen nicht als das Jahr der großen Erinnerung, sondern als das Jahr der tollsten und atemberaubenden Umkehrung. Abgesehen vom Spezialfall Rumänien, wo es eine klassische Revolution mit Hinrichtungen und vielen unschuldigen Todesopfern gab, waren es gewaltige, aber keine gewalttätigen Umkehrungen.

Unsere Umkehrung folgte zeitlich der deutschen, der durch Fluchtmassen ausgelösten. Die Umkehrung, die die Masse brachte, war eine „sanfte". Die Sanftheit ihres tragenden Affektes war ihr Kennzeichnendes, als solche ging sie in die Nachrichtenmeldungen ein, als solche machte sie Geschichte. Die Qualität der Sanftheit bedeutete, daß sie ihre Macht zeigte, jedoch keine Gewalt anwendete. Sie fletschte ihre Zähne, schnappte aber nicht zu. Durch Bezeigen ihrer Macht brachte sie die Noch-Machthaber dazu, sich selbst zu entmachten. Ein Beispiel: die einstimmige Wahl des neuen Präsidenten durch das aus Abgeordneten des alten Regimes bestehende Parlament.

Die Machthaber, eigentlich seit langem nur mehr Gewalthaber, sahen ein, daß ihre Befehlskraft, schon geraume Zeit im Schwinden sich befindend, endgültig die letzten Reste ihrer ursprünglichen Wucht verloren hatte. Sie waren gewohnt, die Sprache unbedingter Befehle zu sprechen. Die Kunst dieser Sprache hatten sie verloren, und nun standen sie sprachlos da und wollten sich verstecken. Durch tägliche Massenversammlungen und -kundgebungen unter Druck gesetzt, mußten sie ihrem absoluten Befehlsvorrecht abschwören. Das erste Mal seit langen Jahren gab ihnen die Masse etwas kund, was sie nicht vorher befohlen, gleichsam bestellt hatten. Die Masse hat ihre Vormundschaft – welch treffendes Wort – abgeschüttelt und sozusagen ihren eigenen Mund entdeckt. Der sprach das Verbot aus. Es besagt folgendes: „Alle weigern sich zu tun, was eine äußere Welt von ihnen erwartet. Was sie ohne viel Aufhebens bis jetzt getan haben, als wäre es ihnen natürlich und gar nicht schwer, das tun sie nun plötzlich auf keinen Fall."

Die sanfte Umkehrung war eine neuartige Revolution. Sie leitete sich nicht von einem im Gedankenlaboratorium erstellten utopischen Konstrukt der Zukunft her. Sie hatte nichts mit vorprogrammierter Machtergreifung zu tun und ihr eignete kein apriorisches Bewußtsein absolutistischen Besserwissens. Sie war spontan, eine Äußerung kollektiven Unmuts mit der verfahrenen Lage der Dinge des Lebens. Sie repräsentierte keine besonderen Klassen oder Schichten, sie war die Sache aller. Sie war der Aufstand von Menschen, die endlich in Wirklichkeit das werden wollten, was ihnen auf dem Papier längst versprochen war: mündige Bürger. Die sanfte Revolution war eine Revolution der ihr Bürgerrecht einklagenden Menschen. Diese verlangten keine Neuauflage einer universalen Erlösung, sie forderten nichts radikal Neues: nur die Normalität woanders bewährten Funktionierens von Wirtschaft und Gesellschaft. Und trotzdem gab es da einen neuen, bisweilen noch nie gehörten Ton. Den Kristall der „sanften Masse" bildeten Bürgerrechtler, Umweltschützer und Menschen, die aktiv wurden aufgrund des persönlichen Erlebens der Falschheit der Dinge im Alltag und die Unbehagen am gängigen zynischen Umgang mit Worten empfanden, die ihre Bedeutung und Bezeichnungskraft verloren hatten. Der neue Ton zeigt sich in der neuen Sichtweise der Politik, die nicht ausschließlich als ein technisches Problem und Betätigungsfeld unpersönlicher Machtverwaltung gesehen wird, sondern als ein Bereich menschlichen Tuns, der gedeiht, wenn Ethik und Gewissen in ihrem Mitspracherecht nicht zu kurz kommen, wenn der Mensch als Person und nicht als Funktion agiert, wenn Probleme nicht bloß kalt verwaltet, sondern miterlebt werden, wenn an ihrer Lösung diejenigen teilnehmen, die sie aus eigener Anschauung und Erfahrung kennen, wenn Politik dem Innersten des Menschen kein fremdes Außerhalb bleibt.

Die sanfte Revolution läßt sich beschreiben als eine Umkehrung der in den Nachkriegsjahren stattgefundenen und aufgezwungenen Umkehrung, die sich mittlerweile ideologisch, politisch, wirtschaftlich, menschlich und sogar auch sprachlich leergelaufen hatte.

Was da die Masse umzukehren anfing, war eigentlich und ursprünglich als ihr Reich verheißen worden. Ihre Machthaber verstanden sich selbst als Spezialisten und Organisatoren der Masse und der Macht. Sie hatten sich einer Gewaltmethodologie des Glücks verschrieben, der Freiheit des Denkens waren sie abhold, weil einem als wissenschaftlich empfundenen Denken, das zugleich Tun implizierte, gläubig verpflichtet. Freiheit und Wissenschaft schlössen einander aus. Ehemals gab es Tyrannen aus Lust und Leidenschaft, sie waren Tyrannen aus „wissenschaftlicher Überzeugung". Sie glaubten zu wissen, was sie taten und warum sie es taten. Sie glaubten im Buch der Geschichte lesen zu können. Tod und Kerker schienen durch Wissen legitimiert. Sie spielten Vater und die Massen das Kind. Über den „Erziehungsprozeß" und seine Mittel gaben sie sich keinen Zweifeln hin. Das „Kind" durfte vieles nicht wissen, was der „Vater" wußte, mußte und tat.

Die gestrengen, doch als Wohltäter sich fühlenden Machthaber errichteten einen Kult der Masse, merzten jedoch zugleich und vorsorglich deren Spontaneität und Kreativität aus. Die Masse diente als Herzeigebild der Gesellschaft: sie paradierte, akklamierte und applaudierte. Masse und Machthaber applaudierten sich zu. Es war jedoch eine entmündigte Masse, eine Masse, die Theater spielte und mit der Theater gespielt wurde. Ihre Regisseure und Szenaristen predigten über ihre entscheidende Rolle in der Geschichte, der einzelne sei nur ihre Funktion, sie sei alles. Wieso kam es dann, daß – obwohl sie soviel wog – sie so wenig bedeutete? Sie wurde eben zur domestizierten, dressierten Masse, oder um ein Wort Canettis zu verwenden, „zur folgsamen Herde".

Sie lebte umzäunt, von innen und außen gut bewacht, vor fremden Einflüssen nach Möglichkeit abgeschirmt. Ihr verordneter Lebenszweck und Freude war der „Aufbau" (eine spezielle Abart der Vermehrung) vor allem eines nie näherrücken wollenden, im ewigen Fernab des eintönigen Alltags verweilenden Paradieses des Menschen. Ihr Sein in der Gegenwart hatte keinen Wert an sich, es war bloße Funktion einer imaginären Zukunft. Alles stand unter dem strikten Befehl einer Zukunftsproduktion. Die Masse der Menschen trat als Masse von Werktätigen auf. Menschsein hieß werktätig sein. Es war ein verwandlungsarmes, auf Arbeitskraft reduziertes Sein.

Die Gesellschaft der Werktätigen funktionierte auf Befehl. Ihr Leben wickelte sich nach einem im voraus erstellten und in Etappen gegliederten Plan ab: Ziele und Mittel wurden genauestens festgelegt. Solch ein Leben, das dem Unbekannten und Zufälligen keinen Freiraum übrig ließ, wußte sich im Besitz der Notwendigkeit. Die Menschen wurden zu Exekutoren der „objektiven Gesetze der Geschichte". Die herrschende Philosophie, eine Gesetzeslehre der Weltveränderung, gründete im Kampf: der Gegensätze, der Klassen, für den Frieden, für den Fortschritt, und war an Feindbildern orientiert.

Das Leben der Gesellschaft war frontgestaffelt. Es gab nicht nur eine politische Front, sondern auch eine der Kultur, ja sogar noch eine philosophische Front. Das wichtigste Gesetz für diese kampfbetonte Aktivität war der Befehl von oben, der die Linie und „Marschroute" festlegte. Alles Geschehen war melde- und ausweisungspflichtig. Tonnen von bedrucktem und beschriebenem Papier wanderten von oben nach unten und von unten nach oben. Das Sein spaltete sich in reales und papierenes. Das Kennzeichnende dieses nach Befehl ablaufenden Lebens gründete in der Tatsache, daß niemand persönlich verantwortlich war oder sich so fühlte, denn auch die „Oberen", die „Führungsmeute" der Machthaber, empfanden sich selbst als Befehlsempfänger und gaben zu glauben vor oder glaubten, daß sie „objektiven Gesetzen der geschichtlichen Notwendigkeit" Folge leisteten. Dieses Bewußtsein geschichtlicher Notwendigkeit erlaubte ihnen das Kunststück, sich beinahe ständig zu irren und sich dabei stets im Recht zu wähnen. Das, was sie in die Wege leiteten, nannte sich zwar materialistische Politik, und materialistisch war sie in der Tat insofern, als sie die Wirklichkeit – obwohl ohne Sinn für Wirklichkeit – in großen Massenschlachten von Material und Mensch nach Gutdünken veränderte. Im Grunde jedoch handelte es sich im Falle dieses Materialismus um einen in das irdische Walten eingreifenden Superidealismus, einen irdischen Eschatologismus ungeahnten Ausmaßes, der ohne Rücksicht totale Macht ausübte und die Wirklichkeit als passiven Gegenstand eigenen Willens nahm.

Daß die Frage nach dem Sinn dieses Unsinns einmal gestellt wird, ist eigentlich klar, denn wie bei Canetti nachzulesen ist, verlieren alle Befehle, die von der Nachwirkung vergangener Siege zehren, einmal ihre Kraft, und ihr Wiederholen belebt sie nicht mehr, sie greifen nicht. Es ist dies der Moment, wo die Ohnmacht allmählich zur Macht werden kann, wo die sich fürchtende Masse dazu übergeht, selbst Furcht zu erwecken und anfängt, Fragen zu stellen. Dies ist wichtig, wie Canetti treffend bemerkt: „Denn die Wirkung der Fragen auf den Fragenden ist eine Hebung seines Machtgefühls; sie geben ihm Lust, noch mehr und mehr zu stellen. Der Antwortende unterwirft sich um so mehr, je häufiger er den Fragen nachgibt." Fragen ist also eine Form von Machtausübung, und wir könnten schlußfolgern, daß die Gesellschaft gut ist, in der viele viel fragen können. Leider wurde in der Geschichte bis jetzt viel zu viel gehorcht und viel zu wenig gefragt.

Es hat sich gezeigt, daß bei einer großen Umkehrung es unter anderem auch darauf ankommt, richtig und treffsicher zu fragen, um dem in die Enge getriebenen Machthaber keine Möglichkeit der Verwandlung zu geben, nach der er instinktiv sucht. Er muß entwandelt werden. Die Schnelligkeit der Umkehrung in der Tschechoslowakei besteht in nicht geringem Umfang in der Tatsache, daß richtig gefragt wurde, und daß die Fragen von einem Dramatiker, der notgedrungen Politiker wurde – praktisch einem Kollegen von Canetti, einem Kenner menschlicher Verwandlungskünste und einem erfahrenen Gräber im „Garten des Menschlichen" –, formuliert wurden. Die Machthaber wurden sanft, aber entschieden ins politische Abseits geschoben. Die Stacheln ihrer Befehle beginnen sich aufzulösen. Wie geht die Geschichte weiter?

Die Zeit großer absolutistischer und terroristischer Befehle scheint vorbei zu sein. Wir leben in einer neuen oder sich erneuernden Zeit,deren Konturen noch undeutlich, aber bereits spürbar sind. Wir wissen, was hinter uns, wir wissen nicht, was vor uns ist. Jedoch das, was der um seine Vergangenheit wissende Mensch braucht, sind keine vorfabrizierten Zukunftsbilder, Machttechnologien, Gewaltmethodologien des Glücks und Totengräberideologien, sondern neue, der Vielfalt des Menschlichen gerechte Regeln seines Spiels, ist eine neue Lebenskunst, die auf die Vermehrung autonomer Lebensentwürfe angelegt wäre und dem Ideal der einen situationsunabhängigen Wahrheit für alle eine Absage erteilen würde. Der Mensch täte gut daran, seinen Respekt vor den Großen dieser Welt zu dämpfen, sein Verehrungsbedürfnis zu zügeln und den Mut aufzubringen, von sich aus Fragen zu stellen, um so dem Befehl, dem äußeren Zwang entgegenwirken zu können.

Macht leitet sich von „magan" ab und bedeutet ursprünglich „können", sagt Canetti. Mit seinem Können aber hatte der Mensch eine Unmenge von Sorgen. Ja, es bereitete ihm viel Leid. Er kam mit seinem Können und insbesondere mit dem Können der anderen nur schwer zurecht: der Modus vivendi verschieden angelegten und verkörperten Könnens war und ist das große Problem des Menschen. Dessen schwerwiegendster Aspekt wird jedoch in der Verquickung von Können und Tod deutlich. Nicht selten ist des einen Können des anderen Tod. Dieser unnatürliche Tod, Tod verursacht durch die Macht und ihre Befehle, ist menschenunwürdig und abschaffenswert. Der zivilisatorische Imperativ unserer Zeit ist auf die Abschaffung der Institution des Krieges als Form zwischenmenschlicher Auseinandersetzung ausgerichtet. Vielleicht ist sie heute in greifbarer Nähe. Als dominierender Gehalt des Lebens habe sich nämlich die Produktion durchgesetzt, der Krieg, erkannt als „lästige Störung", sei als „Mittel der Vermehrung" überholt und erledigt, die Passion des Menschen fürs Kräfte- und Machtmessen könne zu einer Art sportlichen Wettstreit der Nationen sublimiert werden, so Canetti im Epilog zu *Masse und Macht* im Jahre 1960. Dies scheint nun mehr denn je auch der Erfahrungsgehalt der Geschichte unserer Tage zu sein.

Macht wurde bis jetzt eigentlich immer nach ihrem Vernichtungspotential bemessen und somit negativ bestimmt. Als Macht galt meistens das, was Furcht erregte, Respekt gebot und lähmend wirkte. Gar selten wurde überlegt, was Macht im positiven, kreativen, Freiräume menschlichen Selbstseins schaffenden Sinne bedeuten könnte. Diesen Weg gälte es denkend zu beschreiten. Die Ereignisse des vergangenen Jahres haben einmal mehr bewiesen, daß *Masse und Macht*, dieses Buch über den Menschen, kein Werk von bloß historischem oder akademischem Interesse ist. Sie kündeten von einer Masse, die zu ihrer Spontaneität zurückfand, die Mauern und Zäune ihrer Isolierung durchbrach und sich freisetzte. Um frei zu bleiben und der Macht auf ihre Schliche zu kommen, um eine neue freiheitliche Kultur des Fragens zu etablieren, die die alte autokratische Kultur des Lernens von fertigen Antworten, der Einübung von Nichtdenken außer Kraft setzt, empfiehlt es sich, Canetti zu lesen, und nicht nur zu lesen, sondern auch zu meditieren.

Der enge und breite Körper der Macht

John Pattillo-Hess

In einer Pause der Gefechte zur Befreiung erklärte ein rumänischer Philosophieprofessor in Bukarest seinen müden Kampfkameraden: „Die Menschen wissen nicht, was sie mit ihrer Freiheit anfangen sollen." Und fügte mit der eingebildeten Weisheit der Pädagogen hinzu: „Wir müssen sie also erziehen."[1] Woher der Professor seinen erzieherischen Anspruch nahm, wurde uns nicht verraten. Ähnliche Aussprüche sind uns von immer wieder parat stehenden Demagogen und Volksführern seit eh und je bekannt. Sie bezeichnen, wie in unserem Fall, welchen inneren Gefahren die Masse von Anfang an – nicht nur in Rumänien – ausgesetzt ist, und welche sie zu überwinden hat.

Das *revolutionäre Faktum*, das einzige, was durch die Umkehrungsmasse dargestellt wird, scheint zu erlöschen, wenn selbstgestellte Ziele der Masse durch jene der besserwissenden Volkserzieher ersetzt werden; wenn die offene Masse sich in eine geschlossene umwandelt, wenn der erwünschte Machtverfall durch neue Führer gestoppt wird. Die neu errungenen Freiräume der Rumänen waren in ihren Ansprüchen so minimal, in ihren Hoffnungen so bescheiden, daß alle späteren furchtbaren Auswüchse nicht aus der Umkehrungsmasse entstehen konnten.

Schlimmer als in jedem anderen ehemaligen Ostblockstaat erlitten die Rumänen durch Jahrzehnte die paranoische Passion ihres Machthabers, als Einziger zu überleben. Alle Bestrebungen Ceausescus, von seinen pragmatischen Anfängen bis zur zerstörerischen Endkatastrophe, sind von seinem Drang zur Unverletzlichkeit gekennzeichnet. Mit allen Mitteln versuchte er seinen Körper, wenn schon nicht als eine Weltordnung, so doch mindestens als Ordnung seiner Welt darzustellen. All sein politisches Handeln ist durchdrungen von der Sicherung und Verteidigung seiner Position in dieser Ordnung. Er umgab sich mit nur ihm gehorchenden Soldaten, deren Loyalität durch gegenseitige Demaskierung garantiert war. Er baute Paläste – erbärmlich bescheiden im Vergleich mit jenen der Wächter des Kapitals und der „Freien Welt" –, die ihm als Festungen dienten und seinen Drang nach Dauer erfüllten. Für eine in seinem Geiste stetig wachsende Masse läßt er einen riesigen Platz frei, der die Aura seiner sicheren und festen Macht trägt. Auf diesem Platz kann sich die wachsende Masse wiederholen. Für ihr tatsächliches Wachstum wollte er grausam sorgen. Seine Paläste läßt er durch ein Untergrundlabyrinth verbinden; in die Geheimnisse dieser Gänge wurde nur seine Privatarmee eingeweiht, sie sicherte seine Position und war das Nervensystem des Körpers der Macht, der identisch mit dem eigenen Körper geworden war.[2]

An der Tagesordnung waren bei ihm Konspiration und Verrat. Eine landesübergreifende Organisation, mit der Aufgabe der Entlarvung und Demaskierung beauftragt, besänftigte sein Gefühl, von Feinden umstellt zu sein. Dieser Prozeß, von Canetti als Entwandlung bezeichnet, war bei ihm immer von Feindschaftserwartung geprägt und war das bezeichnendste Merkmal seiner Regierung. „Die Masken haben den Paranoiker täuschen wollen. Ihre Verwandlung war nicht uninteressiert. Wichtiger als alles war ihnen das Geheimnis. Wozu sie wurden, was sie vorstellen sollten, war mehr Nebensache; Hauptsache, daß sie auf keinen Fall zu erkennen waren. Die Gegenaktion des Bedrohten, das Herunterreißen der Masken wird scharf und gehässig; sie ist sicher so heftig und eindrucksvoll, daß man, was an Verwandlung vorausgegangen sein muß, nur allzuleicht übersieht."[3]

Die allgemeine Verschwörung, die das ganze Land ergriff, zwang ihn zur Demaskierung vor der Masse, aus der sich seine Macht durch Jahrzehnte hindurch nährte und zusammensetzte. Sie kamen auf den Platz der Republik. Der Conducator wird von künstlichem Jubel über Lautsprecher empfangen. Er versichert, daß vom Ausland bezahlte Verbrecher am Werk waren. Buhrufe und Schreie nach Freiheit übertönen die Lautsprecher. Verwirrt spricht er weiter. Die Ablehnung der Masse ist nicht zu überhören. Er wehrt sie ab. Die abwehrende gefrorene Geste wird durch das Fernsehen weltweit übertragen. Das Abwehren der Umkehrungsmasse ist Ausdruck seines Gefühls vor der unvermeidbaren „Katastrophe". So führte er uns bis ins Detail alle Elemente der realen Machtverhältnisse vor, nämlich die „starke und vorhaltende Anziehung auf die einzelnen, die sich zu einer Masse versammeln sollen, ihre zweifelhafte Gesinnung, ihre Bändigung, indem man die zu ihr Gehörigen verkleinert, ihr Aufgehen in den Machthaber, der die politische Macht in seiner Person, seinem *Körper*, vorstellt; seine Größe, die sich auf diese Weise unaufhörlich *erneuern* muß; und schließlich ein letzter und sehr wichtiger Punkt..., das Gefühl des *Katastrophalen*, das damit verbunden ist, eine Gefährdung der Weltordnung, die sich eben aus jener rapid zunehmenden und unerwarteten, eigenen Anziehung herleitet."[4] Ceausescu ist freilich nicht der *Einzige* geworden, aber ähnlich wie der Senatspräsident Schreber war er der Einzige, auf den es ankam.[5]

Die Umstände, die zur Umkehr der Massen im ehemaligen Ostblock führten, lassen sich mit dem Recht einer lange bestehenden politischen Elite umschreiben, einem sozial tieferstehenden Kollektiv Befehle zu erteilen. Besatzung und soziopolitische Schichtung durch innere Vorgänge brachten die Macht in die Hände der Träger einer einzigen bestimmenden Ideologie. Angebliche oder tatsächliche Gegner wurden Jahre hindurch existentiell eliminiert oder ermordet. Nur wenige konnten ihre durch ständig empfangene Befehle gehäuften Stacheln an politisch Tieferstehende entladen. Für die Mehrheit, die nur da zu sein schien, um Befehle entgegenzunehmen, war eine derartige Entladung der gespeicherten Stacheln unmöglich. Aber was dem einzelnen nicht gelang, glückte überraschenderweise den vielen in der Masse. Man zahlte es den Mächtigen von Gestern durch Entladung heim. „Die revolutionäre Situation", behauptet Canetti, „läßt sich als der Zustand einer solchen Umkehrung ansehen. Die Masse aber, deren Entladung hauptsächlich aus einer gemeinsamen Befreiung von Befehlsstacheln besteht, ist als *Umkehrungsmasse* zu bezeichnen."[6]

Unsere Verwirrung gegenüber diesem revolutionären Faktum kommt häufig aus dem, was sich an der Oberfläche als dringend abzeichnet und was sich als Hetzmasse abspielt. „Aber es ist keineswegs so, daß die Revolution daraus *besteht*. Mit den Hetzmassen, die eiligst ihr natürliches Ende erreichen, ist es nie getan. Die Umkehrung, die einmal begonnen hat, geht immer weiter. *Jeder* sucht in eine Lage zu kommen, wo er sich seiner Stacheln entledigen kann, und jeder hat viele von ihnen.(...) So rasch die Hetzmasse abläuft, die an der Oberfläche liegt, so langsam, in vielen aufeinanderfolgenden Rucken, ereignet sich die Umkehrung aus der Tiefe."[7]

Diese Umkehrung kann sich laut Canetti verlangsamen, bis hin zum Versprechen der Entladung der Stacheln im Jenseits. Der Umstand aber, daß Jenseitsideologien, die die Erlösung entweder im Himmel oder in der Geschichte versprechen, in Mißkredit geraten sind, läßt uns – trotz der Entstehung eines Freiheitserziehers für jeden entmachteten Bürokraten und einer Visapflicht für jede abgebaute Mauer – Platz für tiefgreifende Hoffnung.

Man möge diese Hoffnung jedoch nicht verwechseln mit der Begeisterung vieler für das, was man heutzutage gemeinhin die endgültige Beseitigung der sogenannten „geschlossenen" Gesellschaft zu bezeichnen geneigt ist. Ein billiger optimistischer Historizismus füllt die Medien, die die Gesamtheit der Ereignisse als Übergangsschock darstellen, der durch den schweren Gang von der geschlossenen zur offenen Gesellschaft bedingt sei – zum erwarteten Endziel der abendländischen Geschichte.

Die Naivsten würden behaupten, allen Massakern und Kriegen zum Trotz, daß dieser abendländische zivilisatorische Prozeß seinen Ausgangspunkt in Griechenland habe. Dort sei es gewesen, wo man den ersten Schritt von einer magischen, kollektivistischen, organischen, geschlossenen Stammesgesellschaft hin zu einer humanistischen, individualistischen, abstrakten, offenen Gesellschaft tat. Während die Mitglieder einer geschlossenen Gesellschaft unter sich durch semibiologische Verhältnisse verbunden seien, würden in der offenen Gesellschaft die geistigen, abstrakten Bündnisse – wie Arbeitsteilung und Tausch von Gütern – den konkreten Bund des Tastens, des Riechens, nämlich allen biologischen oder physischen Bund aufzulösen beginnen. Der Übergang von „biologisch-organisch" zu „abstrakt-geistig" geschehe nicht von einem Tag zum anderen, benötige langwierige Erfahrungen und hinterlasse tiefgreifende Rückwirkungen bei den Völkern. Für den Vater dieser Begriffe, Karl Popper, müsse dieser Übergang „eine der größten Revolutionen genannt werden."[8]

Heutzutage scheint man keinen Zweifel mehr zu hegen, daß die progressive Entwicklung der Geschichte endgültig die „geschlossene" Gesellschaft beseitigen werde. Als wünschenswerte Alternative schlägt man begeistert eine abstrakte, rationale, wissenschaftliche Gesellschaft vor – man sollte annehmen, daß wenigstens einige sich bewußt sind, was sie da vorschlagen –, in der nur abstrakte, rationale, wissenschaftliche Individuen – was immer dies bedeuten mag – Anerkennung beanspruchen können. Man verficht eine Gesellschaft, die, gestützt auf eine Wissenschaft und Rationalität von zweifelhaften Erfolgen, sich berechtigt fühlt, Mythen, entfernte Traditionen aus dem Zentrum der Gesellschaft zu tilgen und sie durch die rationale Wissenschaft zu ersetzen. Man pflegt die Ausrottung angeblich feindgesinnter Traditionen zu gewährleisten, noch bevor man sich im klaren ist, welche Rationalität und Wissenschaftlichkeit man meint. So beseitigt man die marxistisch-„geschlossene" Gesellschaft durch die liberal-„offene", indem man beginnt, alle Formen der Freiheit zu eliminieren, die die zentrale Rolle einer ungewissen Rationalität und Wissenschaft in einer zukünftigen liberalen Gesellschaft bedrohen könnte.

Demokratische Prinzipien, wie sie im „real existierenden Parlamentarismus" praktiziert werden, sind unvereinbar mit der Existenz, Entwicklung und dem Wachstum spezieller Kulturen.Eine liberal-rationale Gesellschaft kann weder eine schwarze noch eine asiatische, schon gar keine jüdische Kultur im vollen Sinn des Wortes enthalten. Sie duldet, wenn überhaupt, solche Kulturen als Auswüchse einer Grundstruktur, die selbst ein unlösbarer Kompromiß zwischen Kapital und Wissenschaft ist.[9]

Die allgemeine Begeisterung in den Industrieländern für das, was man offene Gesellschaft nennt, wird nicht durch Überlegungen erschüttert, die man anstellt bezüglich der Ausbeutung, Unterdrückung und Massaker ganzer Völker sowie der ökologischen Zerstörung – und dies alles im Namen der Demokratie und Freiheit; man nimmt die Herausforderung nicht wahr, die eine solche Überlegung für rationales Planen und für die Idee einer offenen Gesellschaft – als ein wünschenswertes Projekt – bedeuten könnte.

Es ist so, als wolle man andeuten, daß Machtpolitik ein Relikt der geschlossenen Gesellschaft sei. In der liberalen Demokratie sei dagegen diese Macht zu einem Forderungsinstrument der Freiheit und der Gerechtigkeit gewandelt worden. Man meint, die Macht sei dabei unter den Wählern aufgeteilt, die diese wählend auf Personen übertragen, welche dann als ihre Stellvertreter Macht ausüben. Ich dagegen meine einerseits, daß jener, der Macht ausübt oder anstrebt, diese nicht überträgt, wenn er zur Urne geht, und andererseits, daß Macht in Institutionen existiert, die undelegierbar ist – man möge an ein Heer, ein Bankensystem oder an ein internationales industrielles Netz denken. Man kann nicht den Millionen Unterdrückten und Ausgebeuteten unserer Zeit einfach nicht gewollte soziale Folgen zuschreiben und zugleich den Anspruch erheben, daß irgendwo in der offenen Gesellschaft als echte Prinzipien der Machtausübung die Vernunft, die Verantwortlichkeit und die Freiheit zugrundeliegen. Das liberale Projekt legt überall über sein Versagen Rechenschaft ab, wobei es sich selbst als „Himmel auf Erden" verkündet, in dessen Namen man berechtigt sei, zu unterdrücken, zu erobern und auszubeuten.

In Anbetracht der Ereignisse bei unseren Nachbarn kann man die politische Unterscheidung sinnvoller ausdrücken: Es ist der Sprung vom Einparteien- zum Mehrparteiensystem (im Endeffekt zu einem Zweiparteiensystem). Letzteres besitzt eine breitere und flüchtigere Macht, die den Untertanen etwas mehr Zeit und institutionalisierte Räume, Abstände und Hoffnungen läßt gegenüber dem Zerstörungsinteresse der Gewalt. Gegenüber der grausamen Starrheit bestimmter gesellschaftlicher Organisationen – marxistischer und auch faschistischer – und den dazu gehörigen engen Machtstrukturen beinhaltet das Zwei- bzw. Mehrparteiensystem eine quantitativ größere individuelle Verantwortlichkeit und ein höheres Maß an Freiheit. Man bestimmt die Erzwingung von Befehlen in breitem Rahmen und anerkennt in gewisser Weise die Nichtzustimmung oder das Ausweichen vor Befehlen, solange sich das erstere in Form einer Doktrin oder Ideologie ausdrückt, und sich letzteres in der Kunst abspielt.

Das gewaltsame Ergreifen eines Untertans sollte nur einem nichtzustimmenden oder ausweichenden Handeln folgen, das den vorbestimmten Rahmen der Erzwingung wenn nicht in Gefahr, so mindestens in Frage stellen könnte. Man möchte meinen, daß das Ergreifen von Untertanen in einer parlamentarischen Demokratie immer rechtserhaltend und nur in Ausnahmezuständen, im Falle einer äußeren Gefahr oder innerer Unruhen, rechtssetzend sei. Näher betrachtet sind diese Ausnahmezustände gegenüber den Unterdrückten keine solche, sondern sie bedeuten die Regel. In den Institutionen der Polizei und der Armee führender moderner Staaten beobachtet man tagtäglich die Aufhebung der Trennung beider Gewalten. Diese Tatsache wird nur von wenigen gefühlt und bemerkt, weil die polizeilichen Befugnisse und die ausgesprochene Zielsetzung der Armee zum gröblichsten Ergreifen selten hinreichen; das Schmachvolle liegt aber darin, daß es diese

Befugnisse und Zielsetzungen gestatten, umso gewaltsamer gegen verletzbare Bezirke, Regionen und Staaten vorzugehen. Sowohl bei den führenden parlamentarischen Demokratien wie auch noch bei den führenden proletarischen Diktaturen wird die rechtssetzende Gewalt durch Siege legitimiert und im Namen der Rechtserhaltung Gewalt gegen besonnene Gruppen oder schwächere Länder angewendet, wobei die Erhaltung der Rechtsordnung sich immer neue Zwecke setzt, bis sie ihrer unhaltbaren Größe wegen zusammenbricht. In der Emanzipation der Trennung beider Gewalten [10] verschmilzt bezüglich der Erhaltung und Eroberung von Einflußzonen die Differenz zwischen beiden Regierungsformen. Die neuere Geschichte zeigt uns die bloße Unterscheidbarkeit im Diskurs, der diese Gewalt rechtfertigt, wobei nicht selten die Differenz eine solche ist zwischen klugem Zynismus und blankem Ideologismus.

Ein immer wieder vorgebrachter Unterschied bezieht sich auf den Status eines nichtzustimmenden Denkens in beiden Rechtsordnungen und auf die Art der Sanktionen, die ein nichtzustimmendes Handeln in diesen auslöst. Man kann versuchen, diese angebliche Differenz an Hand der Figuren des Romans „Die Brüder Karamasow“ zu exemplifizieren: In einer parlamentarischen Demokratie würde Iwan Karamasow die Konfrontation mit der Staatsgewalt erspart bleiben, solange er aus seiner Weltanschauung heraus die Berechtigung zur Ermordung des Vaters nur denkt, der Bastard dagegen, der in einem konkreten Handeln das theoretische Ergebnis des denkenden Iwan ausführt, müßte sich seiner Tat vor dem Staat verantworten und die Konsequenzen erleiden. In einer Diktatur hingegen würden beide kriminalisiert, aber während das kriminelle Handeln als effektiver asozialer Akt Angelegenheit des Strafgerichtes wäre, würde das kriminelle Denken als Beleidigung des „gesunden Verstandes“ erfaßt und Angelegenheit der Psychiatrie sein; in beiden Fällen greift die Macht gewaltsam ein, den Bastard erwartet das Gefängnis, wenn nicht der Tod, Iwan das Irrenhaus.

Man meint also, daß in einer Demokratie das gewaltsame Ergreifen einem Untertan nur zustößt, wenn ein nichtzustimmendes Handeln besteht, das den Rahmen der Erzwingung von Befehlen in Gefahr bringt; in einer Diktatur dagegen werden nichtzustimmendes Handeln und Denken kriminalisiert. Wir wissen aber von der Rolle der Sündenböcke in unzähligen sozialen Räumen der parlamentarischen Demokratie, wo diese stets als Abweichler angesehen und sanktioniert werden. Diese Gruppen oder Individuen werden wegen ihres angeblichen oder tatsächlichen Abweichens verfolgt, eingesperrt und gefoltert: sowohl wegen abweichenden Verhaltens wie auch wegen abweichenden Denkens. Sobald die Macht sich bedroht fühlt, setzt sie immer wieder inquisitorische Mittel ein, so daß das Antlitz des Übeltäters der von der herrschenden Ideologie gewünschte böse Andere ist. Er erscheint in der sukzessiven Form der Hexe, des Onanisten, des Hippies und immer wieder in der des Juden.

Es handelte sich nie nur um die vielen Dissidenten, die in kommunistischen Ländern psychiatrische Unterdrückung erlitten und erleiden, sondern auch um die viel größere Anzahl derjenigen, die in der Dritten Welt Objekte psychiatrischer Folterungen sind. Man erleidet diese Form der Repression nicht nur in psychiatrischen Anstalten, sondern auch und tiefer in politischen Konzentrationslagern, wohin man nicht als Geisteskranker, sondern als politisches Übel, als Feind der offenen Gesellschaft verschleppt wird, wo unter anderem auch neue psychiatrische Verfahren erprobt werden. In der Demokratie und in der (proletarischen) Diktatur werden Menschen ihres Denkens wegen eingesperrt, zermalmt und getötet. Der „böse Kommunist“ war uns so unentbehrlich wie für Kommunisten der „böse Kapitalist“, anständige Machtlecker sind hier wie dort immer parat, um zu zeigen, wo sich der Übeltäter versteckt. Vom Unterschied bleibt nur eine quantitative Abrechnung übrig.

Was in einem Bürgerkrieg wirklich vorhanden ist, bleibt, laut Canetti, in der parlamentarischen Demokratie erhalten. Die streitenden Parteien in einer modernen parlamentarischen Demokratie besitzen die Struktur kämpfender Heere. Die parlamentarische Abstimmung ist ein Überbleibsel wirklicher Zusammenstöße, wobei es die Hauptsorgen des Feldherrn waren, mehr Leute bei der Hand zu haben als der Gegner, und wie es ihm gelingen könnte, an vielen wichtigen Lokalitäten die Übermacht zu erlangen. „Bei einer parlamentarischen Abstimmung hat man nichts anderes zu tun, als die Stärke der beiden Gruppen an Ort und Stelle zu ermitteln. Es genügt nicht, daß man sie von vornherein kennt. Die eine Partei mag 360, die andere nur 240 Abgeordnete haben: die *Abstimmung* bleibt entscheidend als der Augenblick, in dem man sich wirklich *mißt*. Sie ist der Rest des blutigen Zusammenstoßes, den man auf vielfache Weise spielt, durch Drohung, Beschimpfung, physische Erregtheit, die bis zu Schlägen oder Würfen führen kann. Aber die Zählung der Stimmen ist das Ende der Schlacht. Es wird angenommen, daß 360 Mann über 240 gesiegt hätten. Die Masse der Toten bleibt ganz aus dem Spiel. Innerhalb des Parlaments darf es keine Toten geben. Die Unverletzlichkeit des Abgeordneten drückt diese Absicht am klarsten aus.“[11]

Man nimmt an, daß der Sieger der beste der Kandidaten ist, obgleich niemand je glaubte, daß die Meinung oder ein Programm klüger seien, weil sie in einer Abstimmung das Übergewicht haben. Es muß bei diesem Instrument der politischen Entscheidung nicht zum Töten kommen, wobei die Unverletzbarkeit der Wähler einen weit weniger wichtigen Rang einnimmt als die der Stimmzettel. Das Wesentliche der parlamentarischen Demokratie ist der Verzicht auf den Tod als Instrument zur Findung politischer Entscheidungen. Als das Bemühen zum Ablassen von buchstäblicher oder symbolischer Tötung des Gegners ist ihre tiefe politische Leistung zu verstehen. Daß man diesen Verzicht des Tötens nicht als absolut und endgültig bezeichnen kann, ist durch tagtägliche Geschehnisse belegbar. Noch läßt man sich begeistern für irgendeine Utopie, auch für die der offenen Gesellschaft, und sieht den Stimmzettel als einen bloßen Fetzen Papier, läßt weiter nur politische Entscheidungen durch Töten gelten.

Manche politische Aufgabe beschränkt sich darin, zwischen denen, die dazugehören, und solchen, die es nicht tun, zu unterscheiden, und die Emanzipationsstrategien durch Ordnungsvorstellungen zu ersetzen. Trotzdem verbreitet sich die moralische Überzeugung, daß mit jedem einzelnen Stimmzettel gleichsam der Tod weggelegt wird, und wenn dies auch nicht endgültig das Problem der Macht löst, beweist doch die Erfahrung mit Parlamenten, „daß es möglich ist, den Tod aus dem Zweimassengetriebe auszuschalten. Ein friedlicher und geregelter Turnus im Wechsel der Macht ließe sich auch zwischen Nationen etablieren.“[12]

Freilich ist eine solche Rechnung nur ohne den Machthaber denkbar. Es wäre das Ende des Krieges als Instrument der Entscheidung zwischen Staaten mit Sicherheit abzusehen, wenn nicht die Frage bliebe, ob und auf welche Weise dem zu monströsen Proportionen erwachsenen Überlebenden beizukommen ist. „Der Tod als Drohung ist die Münze der Macht. Es ist leicht, hier Münze auf Münze zu legen und enorme Kapitalien anzusammeln. Wer der Macht beikommen will, der muß den Befehl ohne Scheu ins Auge fassen und die Mittel finden, ihn seines Stachels zu berauben."[13]

Kehren wir zum Schluß zu unserem rumänischen Philosophieprofessor zurück. Am Ende des Interviews wird er böse. Er behauptet, daß in den Köpfen der Menschen sich nichts verändert habe. Früher schrien sie gezwungenermaßen: „Es lebe Ceausescu!", und heute schreien sie: „Es lebe die Freiheit!". Ohne die Bedeutung der Umkehrung zu beachten einerseits, und andrerseits ohne die wichtige Spannung, die das Wort Freiheit ausdrückt, zu berücksichtigen, gibt er uns, aus Berührungsfurcht heraus, sein Unbehagen kund. Überall dort, wo Menschen sich über Schranken hinwegsetzen wollen und keine Grenzen sehen möchten, rufen sie nach Freiheit.[14]

Von furchtbaren Drohungen gequält, waren die Menschen gewiß nicht immer mit glücklichen Spannungen geladen. Aber die allmähliche Elimination des symbolischen oder existentiellen Tötens des Gegners bietet eine solche quantitative Verbreiterung von Raum und Zeit, daß es immer wahrscheinlicher wird, daß Untertanen tatsächlich Befehlen ausweichen, und auf diese Weise eine qualitative Alternative als wirkliche Erscheinung im Bereich parlamentarischer Gesellschaftsräume sich auftut, was nur die Freiheit, die Macht loszulassen, bewerkstelligen kann.

Die Stille in den Kasernen möge uns mit Recht beunruhigen, es mögen auch hier wie dort in der nächsten Zukunft – wie in der Vergangenheit – Entscheidungen durch die immer wiederkehrende Gewalt getroffen werden, trotzdem wird sich unsere Hoffnung auf veränderte Umstände nicht erschüttern lassen, die den Keim zu einer anderen Wirklichkeit in sich tragen. Um mit Canetti zu sprechen: „Kein Dummkopf und kein Fanatiker wird mir je die Liebe nehmen für alle, denen die Träume beschattet und beschnitten wurden. Der Mensch wird noch alles und ganz werden. Die Sklaven werden die Herren erlösen."[15]

Anmerkungen

1 Siehe den Report Peter Schilles im „Spiegel" Nr. 2, 44. Jahrgang, S. 118 ff.

2 Siehe Elias Canetti: „Hitler, nach Speer", in „Das Gewissen der Worte", Frankfurt am Main 1981, S. 175–204. Genauere Studien der Bauten und Baupläne Ceausescus stehen noch offen, sie könnten uns sicher Näheres über seinen Geisteszustand erläutern.

3 Elias Canetti:„Masse und Macht", Frankfurt am Main 1980, S.511

4 Ebd.,S. 495 f.

5 Elias Canetti: „Macht und Überleben", in „Das Gewissen der Worte", S. 41

6 „Masse und Macht", S. 61

7 Ebd., S. 62

8 Karl R. Popper: „Die offene Gesellschaft und ihre Feinde", München 1958, S. 334. Siehe auch meine Dissertation: „Begriff der Macht bei Elias Canetti", Wien 1984, S. 140 ff.

9 Siehe Paul Feyerabend: „Erkenntnis für freie Menschen", Frankfurt am Main 1980

10 Siehe Walter Benjamin: „Zur Kritik der Gewalt und andere Aufsätze", Frankfurt am Main 1965

11 „Masse und Macht", S. 208

12 Ebd., S. 525

[13] Ebd., S. 529

[14] Siehe Elias Canetti: „Die Provinz des Menschen. Aufzeichnungen 1942–1972“, Frankfurt am Main 1979, S. 9

[15] Ebd., S. 17

Die Angst der Mächtigen ist unsere Hoffnung

Hans A. Pestalozzi

I. Die Mächtigen und die Macht

Umbringen müssen wir Sie, einfach umbringen, einen nach dem anderen: „Die heutigen Machthaber müssen vernichtet werden." Das Zitat stammt nicht von Canetti, sondern von Günther Anders, einem in Wien lebenden Philosophen. Und er sagt danach, daß mit Händchen-Halten und Liedchen-Singen und Blümchen-Überreichen wir die Machthaber nicht daran hindern, letztlich uns alle zu vernichten. Wir müssen sie umbringen, einen nach dem anderen; und er fügt bei, was wir da machen, das ist nicht Gewalt, wir wehren uns doch einfach, es ist Notwehr, gar nichts anderes, und Notwehr ist in jeder Gesellschaft nicht nur legitim, sondern legal.

Die müssen Angst haben, sagt er wörtlich und stellt die Frage: „Hätten wir Hitler nicht umbringen sollen?" Wenn Rudolf Bahro sein letztes Buch Ulrike Meinhof widmet und dazu schreibt: „Für Ulrike Meinhof, an deren Selbstmord ich nicht glaube"; und wenn Erich Fried, der friedlichste Mensch, den es gab, bei seiner letzten Preisverleihung, der Überreichung des Büchnerpreises, sagte: „Büchner hätte zur ersten Generation der RAF gehört": gehen sie da nicht von solchen Überlegungen aus: Wir müssen sie umbringen! Wie steht's eigentlich mit Canetti, wenn er so schreibt: „Die großen Leute soll man hart sehen. (...) Grausam, wie sie untereinander kämpfen, grausam, wie sie nach unten treten, so soll man sie erleben, alles andere ist Betrug."

So, und jetzt könnten wir eine lustige Umfrage im Saal machen: Mit wem sollen wir grausam sein? Wen wollen wir jetzt umbringen? Wollen wir den Vranitzky umbringen? Oder eher den Waldheim oder den Mock oder, was natürlich ganz wichtig wäre, präventiv, den Haider? Vielleicht doch eher den Proksch oder den Androsch, der im Hintergrund auch immer wieder auftaucht? Aber das sind doch ganz kleine Würstchen! In der weltweiten Machtstruktur sind das doch wirklich kleine Würstchen. Sind sie wenigstens Machthaber in Österreich? Aber jeder von denen ist tausendfach zu ersetzen, und hinter jedem der Genannten stehen weitere Tausende, die begeistert wären, wenn wir die Genannten umbringen würden, damit sie deren Positionen einnehmen könnten. Wichtig ist: man kann sie ersetzen und ersetzen, es ändert sich überhaupt gar nichts. Warum solle ich sie dann umbringen?

Man sagt: „Du brauchst sie ja nicht umzubringen, wir haben schließlich eine Demokratie, du kannst sie ja abwählen." Und dann, was ist gewonnen? Der Spruch ist wunderbar: „Wenn Wahlen was verändern könnten, wären sie schon längst verboten." Das ist die Problematik, wenn wir einen Machthaber beseitigen, d.h. durch die Wahlen oder eben durch Vernichtung; und wenn an seine Stelle ein anderer Machthaber tritt, habe ich ja gar nichts gewonnen. Und jetzt ganz brutal: hat die Ermordung oder die Hinrichtung, wie die

RAF gesagt hat, beispielsweise von Schleier, etwas gebracht, etwas verändert? Oder die Hinrichtung von Ponto oder des Big Bosses von Siemens? Kürzlich wurde der Herrhausen hingerichtet, umgebracht. Herrhausen galt für alle Medien als der *Machthaber par excellence*, er galt als wirklich mächtigster Mann der bundesdeutschen Wirtschaft und damit der europäischen Wirtschaft schlechthin. Hat seine Hinrichtung denn etwas gebracht? Nein!

Sehen Sie, wenn eine dieser Hinrichtungen, da hat Günther Anders schon recht, dazu geführt hätte, daß sich nun die Einstellung und das Verhalten der Politiker, der Manager, der Bevölkerung, von uns allen grundlegend verändert hätte, also keine Zerstörung der Umwelt mehr, Rücksicht auf die kommenden Generationen, keine 40.000 Kinder mehr, die täglich verhungern, weil wir hier so leben usw., dann wären doch die Mitglieder der damaligen RAF schon längst Freiheitshelden in dieser Gesellschaft. Wilhelm Tell war ein Terrorist, nichts anderes, aber heute gilt er als Freiheitsheld, weil er damals einen Österreicher meuchlings umgebracht hat. Die RAF aber hat das Gegenteil dessen erreicht, was sie wollten: Die Macht ist stärker geworden. Anders sagt ganz klar: „Der Erfolg muß sichergestellt sein, sonst ist es lächerliches Abenteurertum." Was war denn falsch an dieser Art Notwehr? War das Mittel der Notwehr falsch, oder hat man die Falschen umgebracht? Waren es also keine Machthaber? Aber Günther Anders will ja den Machthabern Angst machen, und Canetti will grausam sein mit den großen Leuten. Welche sind denn diese großen Leute? Das ist die entscheidende Frage: Wer sind die Machthaber, die Angst haben sollen?

Als Canetti „Masse und Macht" schrieb, stand er mit Sicherheit völlig unter dem Eindruck der Diktaturen der 30er und 40er Jahre und der entsprechenden Diktatoren: Hitler, Mussolini, Stalin, Franco, Salazar usw.: „Canetti hat ‚Masse und Macht' geschrieben, um die Wurzeln des Faschismus freizulegen", hieß es am letztjährigen Canetti-Symposion. Und zwar eben die Wurzeln des damaligen Faschismus mit brüllenden mörderischen Psychopathen an der Spitze, und Massen, die marschiert sind. Wo sind die jetzt? Der mächtigste Mann der Welt sei Bush, heißt es. Schauen Sie sich doch den Kerl an! Natürlich verfügt er über die notwendige Skrupellosigkeit, wie er z. B. in Panama bewiesen hat. Aber ist er wirklich der Machthaber?

Es hört sich so komisch an mit diesen amerikanischen Präsidenten. Einmal ist es ein älterer General mit seinen beruflichen Deformationen, das andere Mal ein seniler Trottel, und einmal war es ein allzu naiver Erdnußfarmer, und vorher schlicht und einfach ein Krimineller wie Nixon. Sollen das die Machthaber der Welt sein, die über uns bestimmen? Warum nennen wir sie die mächtigsten Männer der Welt? Sagt denn nicht andrerseits jedermann, *Politiker seien nur Marionetten?*

In der Tat: Wirtschaftliche Interessen bestimmen ihre Karriere, das Geld entscheidet über ihre Wahl und die Wirtschaft bestimmt dann ihre Politik. Also sind die Spitzenkräfte der Wirtschaft die Machthaber? Die Topmanager als Machthaber? Aber die Topmanager verfügen nur über delegierte Macht. Sie nennen sich ja selber leitende Angestellte. Angestellt von wem denn? Sie sagen, von den Eigentümern des Konzerns, des Unternehmens. Wer ist denn das wieder? Die Aktionäre, sagen sie. Gehen Sie in eine Aktionärsversammlung und dann sagen Sie: Das sind nun die Mächtigen? Nein, ganz bestimmt nicht!

Wir leben im Kapitalismus, und im Kapitalismus gibt es ja nur die eine Macht: das Kapital. Alles andere, was uns sonst so als Macht entgegentritt, ist von dieser Macht abgeleitet.

Das ist nicht zu bezweifeln, aber wir kommen nicht weiter. Wer ist das Kapital? Wer ist der Kapitalist? Und was will er? Strebt er nach Macht, um zu noch mehr Kapital zu kommen, oder will er über Kapital verfügen, um Macht auszuüben, also um Machthaber zu werden? Ein ganz anderes Beispiel: Beim letzten kleinen Börsenkrach im Oktober 88 gingen binnen weniger Stunden tausend Milliarden Dollar verloren. Wer hat sie verloren? Keiner hat eine Ahnung! Also niemand. Sie sind einfach spurlos verschwunden.

Oder wollen wir bei der Suche nach den „Kapitalisten" von den Leuten ausgehen, die über unermeßliche Kapitalien verfügen, den reichsten Männern der Welt? Wen wollen wir nehmen als Beispiel: Trump im Moment noch, oder bis vor kurzem den Kashoggi? Das sind ja lächerliche Figuren, das sind doch niemals die Machthaber. Die sind gut für die Massenmedien. Natürlich üben sie Gewalt aus, Kashoggi z. B. mit seinem Waffenhandel, aber sie sind keine Machthaber. Sie wollen keine Macht, sie sind Exhibitionisten, sie wollen nur ihren Reichtum zur Schau stellen. Und denen sollst du nun ohnmächtig ausgeliefert sein? Nein, bestimmt nicht!

Canetti selber unterscheidet zwischen den Reichen und den Machthabern: „Der Reiche sammelt Haufen und Herden. Für diese steht das Geld. Um Menschen ist es ihm nicht zu tun. Es genügt ihm, daß er solche kaufen kann. Der Machthaber sammelt Menschen. Haufen und Herden bedeuten ihm nichts, es sei denn, er braucht sie für die Erwerbung von Menschen." Wir können das Problem angehen, wie wir wollen, wir kommen nicht weiter. Wer ist der Machthaber? Es gibt zwar alle die Verschwörungstheorien. Früher waren es einmal die Freimaurer mit der großen Verschwörung und dann war es selbstverständlich das Weltjudentum, im Moment sind bei uns die Illuminaten beliebt oder sogar die Bilderberg-Clique. Finden wir sie da, die Machthaber?

Es gibt die konkrete individuelle Machtsituation, in der ich mit der Macht und den Mächtigen unmittelbar konfrontiert und ihnen ausgeliefert bin. Das ist *unsere Situation*: der Hauseigentümer, der mich aus der Wohnung wirft; der Arbeitgeber, der mich auf die Straße stellt; der Vorgesetzte, der mich schikaniert; der Polizist, der auf mich einprügelt, oder der Offizier, der mich einsperrt, usw. Aber das hat nichts zu tun mit der gesellschaftlichen Situation, mit der gesellschaftlichen Problematik, wie sie Canetti in „Masse und Macht" behandelt.

Das einzige Datum, das bei Canetti in Zusammenhang mit „Masse und Macht" vorkommt, ist der 6. August 1945. Das war der Tag des Abwurfs der ersten Atombombe, und dieses Ereignis muß für viele Menschen, für die Menschen, die sich bewußt waren, was geschah, unheimlich prägend gewesen sein. Allerdings konnten es nur wenige wissen: es war das typische *Geheimnis*, wie es Canetti schildert. Wie gefährlich das Geheimnis werden kann, vermag man erst jetzt ganz zu erkennen. Der eigentliche Diktator, gegen den die Welt vereinigt Krieg führte, war kaum tot, da war er in der Form der Atombombe wieder da, gefährlicher als je. „Was Dschingis Khan!", schreibt Canetti, „was Tamerlan! was Hitler! – an unseren Möglichkeiten gemessen, klägliche Lehrlinge und Stümper!" Dann war es doch der damalige Präsident Truman, der den Abwurf befohlen hatte, der für Canetti der Machthaber gewesen wäre? Dann wäre es also doch der Bush, der die Welt durch Knopfdruck zerstören kann? Dann wäre es auch Gorbatschow, der das gleiche machen kann. Oder es wäre der israelische oder irakische General, oder der indische Staatschef, die pakistanische Präsidentin, die mit ihren Bomben Millionen von Menschen umbringen können, und es scheint wirklich für Canetti so zu sein: Einzelne Menschen verkörpern die totale Macht, indem sie uns alle vernichten können. Und das wurde für ihn gerade zum Trost: Die Macht sei zwar viel, viel größer geworden, *gleichzeitig aber auch flüchtiger*. Auch die Machthaber seien heute auf der Erde nicht mehr sicher. Mit anderen Worten: Er werde sich hüten, auf den berüchtigten Knopf zu drücken, weil er dabei selber zugrundegehe. Besteht Macht wirklich in der Fähigkeit und Möglichkeit einzelner Personen, uns alle, den ganzen Planeten vernichten zu können?

Im Grunde genommen übernimmt man damit die Argumentation der Politiker, nur von der anderen Seite her. Wir hätten dank der Vernichtungsmacht 45 Jahre lang Frieden und Freiheit gehabt. Mit anderen Worten, die Vernichtungsmacht sichere unsere Freiheit. Mit der gleichen Logik noch weiter gedacht: Die Vernichtungsmacht verhindere die Entstehung von Machthabern. Irgendwas kann nicht stimmen in der Überlegung. Waren wir 45 Jahre so grandios frei? Haben wir im vollen Bewußtsein und in voller Freiheit unsere Umwelt zerstört, andere Kulturen kaputt gemacht, Völker ausgerottet? Betreiben wir im vollen Bewußtsein, in voller Freiheit eine Wirtschaft, die dazu führt, daß in der dritten Welt, wie ich schon erwähnt habe, jeden Tag 40.000 Kinder verhungern? Haben wir in voller Freiheit ja gesagt zu einem Verkehrssystem, das jährlich 300.000 Menschen umbringt, Millionen von Krüppeln und Waisen hinterläßt? Haben wir uns im vollen Bewußtsein und in voller Freiheit dafür entschieden, unsere Arbeit immer noch sinnloser zu machen, oder Millionen von Arbeitslosen auf die Straße zu stellen? Nehmen Sie alle die Probleme, mit denen wir heute konfrontiert sind: Geschah das alles in voller Freiheit? Nein!

Macht ist nicht nur Vernichtungsmacht. Macht ist die Möglichkeit und Fähigkeit, uns zu einem ganz bestimmten Verhalten zu zwingen, uns nach ganz bestimmten Zielsetzungen auszurichten und uns ganz bestimmten Werten zu unterwerfen. Es ist die Fähigkeit und Möglichkeit, uns beizubringen, nach dem streben zu müssen und den Lebensinhalt in dem suchen zu müssen, was die Macht will! Es ist genau das, was mit uns geschehen ist in den letzten Jahrzehnten und was mit uns tagtäglich geschieht; und diese Macht ist eben nicht, wie Canetti schreibt, flüchtiger geworden, im Gegenteil, sie verstärkt sich von Tag zu Tag. Wir sprechen dann von Systemzwängen und Sachzwängen. Wir sprechen dann von der Notwendigkeit der Wirtschaft, weiter rationalisieren zu müssen. Wir sprechen vom Druck der internationalen Konkurrenzfähigkeit, wir fühlen uns bedroht, wie früher von Kriegen. Obschon das Kapital längst internationalisiert ist und über alle Grenzen hinweg arbeitet, argumentiert man in der Wirtschaft nationalistisch: Die USA müssen antreten gegen die japanische Wirtschaftsmacht, wir müssen zur gleichen Zeit die EG schaffen gegen die USA und Japan, Großbritannien hat Angst vor der großen deutschen Wirtschaftsmacht, usw. Es gibt einen neuen Nationalismus, mit neuen Bedrohungen, mit neuen Feindbildern, mit neuen Symbolen. Suchen Sie *da* die Machthaber! Die gibt's halt einfach nicht mehr, es gibt sie nicht bei uns in den westlichen Industrienationen. Macht hat sich verselbständigt, Macht ist Struktur an sich geworden. Macht, das sind die Prinzipien der Gesellschaft an sich. Bei dieser Problematik kommt natürlich immer das Gegenargument: Halt mal, *wir* sind doch die Wirtschaft! Wir sind doch die Gesellschaft! Das ist genau die Argumentation der Manager: „Wir Manager, wir Wirtschaftler sind nur exekutiv. Der Konsument bestimmt darüber, was wir zu tun haben." Man investiert Milliarden, man engagiert die besten Ladengestalter, die besten Verkaufspsychologen, um uns zu einem ganz bestimmten Verhalten zu zwingen, und wenn wir uns dann *so* verhalten, sind wir selber schuld!

Wirtschaft ist Macht! Und genauso ist es mit der Gesellschaft. Wir sind nicht die Gesellschaft. Die Gesellschaft ist ein bestimmtes politisches System mit gleichen Abhängigkeiten wie in der Wirtschaft. Wollen Sie die EG? Bestimmt nicht, kein einziger vernünftiger Mensch will eine EG, in der wir noch mehr konsumieren und die Umwelt noch mehr zerstören müssen. Positiven Aspekt hat die EG nicht einen einzigen. Will der kleine Bauer die EG? Bestimmt nicht, denn er geht da zugrunde. Oder will der mittelständische Betrieb die EG? Bestimmt nicht, denn er wird noch abhängiger von den Großbetrieben. Wer will die EG? Sind *wir* denn das? Nein, bestimmt nicht!

Oder auch das Prinzip, immer mehr haben zu müssen. Dieses quantitative „Immermehr" ist in dieser Zivilisation ein Wert an sich, es ist zum einzigen Maßstab der Wirtschaft geworden. Sind *wir* das? Nein, eine solche Wirtschaft ist eben in sich gewaltsam und beruht auf dem Machtprinzip. *Wir* sind nicht die Gesellschaft, *wir* sind nicht die Wirtschaft. Es sind Systeme, es sind *die Systeme*, die unserer Zivilisation entsprechen, es ist letztlich unsere Zivilisation. Es ist die Zivilisation des weißen Mannes mit ihren 3 Säulen: Recht des Stärkeren, Hierarchie, Patriarchat, und dann subsidiär die anderen Prinzipien wie Rationalität, Logik, das lineare Denken in Vergangenheit und Zukunft, Wissenschaftlichkeit, und damit zusammenhängend Autoritätsgläubigkeit und Ordnung. Den Anforderungen dieser Zivilisation entsprechen dann unsere Dressuranstalten: Schule, Hochschule, Kirche, Erziehung, Staat, Militär, Medien; und künstliche Konstruktionen wie Vaterland, Patriotismus, usw. Was für ein Unsinn!

Diesen Systemen entsprechen nun ganz bestimmte Exponenten, ganz bestimmte Repräsentanten des Systems. Sie können auch sagen: Träger des Systems, aber es sind keine Machthaber. Machthaber bestimmen die Welt, beeinflussen die Gesellschaft, aber Politiker, Manager, Bischöfe, Gewerkschaftsbosse, Experten sind Funktionäre des Systems. Sie werden, und das ist das Wichtigste, durch das System hervorgebracht, sie sind das Ergebnis des Systems. Sie sind genau eine dieser Sicherungen, die das System eingebaut hat, um zu verhindern, daß es verändert werden kann. Wenn einer sich zum Prinzip Hierarchie bekennt, sein ganzes Leben also darin besteht, den anderen fertigzumachen, größer zu werden als andere, höher aufzusteigen als der andere, dann verfügt er über die Charakterstruktur, die das System braucht.

Eine andere Sicherung besteht darin, daß in hierarchischen Strukturen nur die Leute nach oben kommen können, die 100% konform sind. Wer nicht konform ist, wer anders denkt, wer neue Ideen hat, wer sich etwas anderes einfallen läßt, der kann keine Karriere machen. Das System sorgt dafür, daß nur diejenigen Leute nach oben kommen können, die genau systemkonform sind, mit dem Resultat, daß, wenn sie oben sind, sie das System noch stärker schließen, um nicht selber gefährdet zu sein durch neue Ideen. Ein anderes Beispiel ist die Informationsverweigerung. Wir glauben noch immer, die da oben seien bestens informiert, aber das Gegenteil ist der Fall. Sie sind am besten informiert, wenn es um interne Information geht. Ihre Macht beruht zum Teil auf dem internen Informationsmonopol. Der Mächtige liest nur „seine" Tageszeitung, die ihn bestätigt, er liest doch keine kritische Tageszeitung.

In der Antike war es schon so, daß der Überbringer von negativen Nachrichten geköpft wurde. Das ist heute noch genau so. Wenn Du zum Chef gehst und dem was sagst, was ihm nicht paßt, sagt der Chef nicht: „Das ist hochinteressant, von dem habe ich nichts gewußt. Der Information müssen wir nachgehen." Sondern er sagt sich: „Was ist mit dem Kerl passiert? Weg mit dem Kerl!" Dazu schreibt Canetti so wunderbar: „Der Erfolgreiche hört nur noch Händeklatschen. Sonst ist er taub."

Hinzu kommt die Phantasielosigkeit, die dieses System hervorbringt. Diese Phantasielosigkeit bezieht sich dann auf zwei Aspekte: Man hat nicht die Phantasie, um sich vorstellen zu können, was geschehen könnte mit dem, was man tut. Und man hat keine Phantasie, sich vorzustellen, wie es anders möglich wäre. Das ist u. a. die Folge der Rationalität. Also Ausschaltung der Gefühle, der Sinnlichkeit, der Wahrnehmung, der Empfindung als Folge des logischen Denkens, des eindimensionalen Ursache-Wirkung-Denkens.

Es sind Funktionäre, es sind Repräsentanten der Macht. Klar sind sie, in einer individuellen Situation oder in einer konkreten Problematik, die Mächtigen, und es ist in einem konkreten Fall durchaus sinnvoll, sich gegen diese Mächte zur Wehr zu setzen, gegen Politiker, den Chef, den Bischof, usw. Aber ich muß mir bewußt sein, einen Funktionär zu bekämpfen, also eigentlich ein Symptom. Damit ändere ich letztlich an meiner Abhängigkeit , an meiner Ohnmacht nichts. Wir kämpfen ständig gegen Symptome an. Damit rennen wir den Problemen hinten nach und stellen die falschen Fragen. Es ist doch ganz klar, daß das Bundesheer abgeschafft werden muß. Aber die richtige Fragestellung müßte lauten: Was macht Militär überhaupt möglich? Es ist auch klar, daß Zwentendorf nie in Betrieb genommen werden darf, aber ich muß doch fagen: Warum führt die heutige Wissenschaft ständig zu großtechnologischen Lösungen? Es ist klar, daß wir bei Hungersnöten in der dritten Welt helfen. Aber wir müssen uns klar sein, daß Hungersnöte Ergebnisse unseres Wirtschaftssystems sind. Es ist klar, daß gegen die Lethargie und Kritiklosigkeit des Bürgers durch Aktionen, Infostände und Demonstrationen angekämpft werden muß. Aber ich muß fragen: Woher kommt diese Lethargie, diese Kritiklosigkeit? Sie kommt von der Autoritätsgläubigkeit: „Die da oben wissen es besser, und die machen es schon richtig!" Dies ist das Ergebnis von Schule und Erziehung, also muß ich da ansetzen.

Und genauso ist es bei unserer Thematik. Nicht bei den Mächtigen, also nicht beim Funktionär stehen bleiben, sondern fragen: Weshalb gibt es diesen Kerl eigentlich? Also muß ich bei der Funktion ansetzen. Was macht diese Funktion, diesen Funktionär möglich und nötig? In dem Moment muß ich „nein" sagen zu den Prinzipien unserer Zivilisation. Nein zum Prinzip Hierarchie, weil Hierarchie in sich das Machtprinzip ist. Nein sagen zu einem Patriarchat. Aber dieses „Nein" zum System an sich ist unheimlich schwierig. Wir sind alle auf dieses System gedrillt, wir sind alle das Ergebnis der Erziehung, der Schule und der Kirche. Wir sind Teile des Systems. Für viele Menschen ist das System nicht einmal greifbar, sie sind total integriert.

Interessant ist es vielleicht, wenn man von Funktionären der Macht spricht, daß diese sich genau so verhalten wie die Machthaber. In ihrem Verhalten sind sie typische Überlebende. Jeder Machthaber will der Einzige sein. Vor allem ist die Struktur der Macht die gleiche. Für

Canetti ist die Struktur der Macht identisch mit der Struktur einer selbstzerstörerischen Geisteskrankheit: „Die Vorstellung, daß man der Einzige ist oder sein möchte, der Einzige unter Leichen, ist für die Psychologie des Paranoikers wie des extremen Machthabers bestimmend." Man hat sich unter vielen bewährt, denn alle, die liegen, die leben nicht, und wenn dieses Überleben oft gelingt, dann ist man ein Held, man ist stärker, man hat mehr Leben in sich. „Die höheren Mächte sind ihm gewogen", wie Canetti sagt. Ja, das Kraftgefühl des Überlebenden, des Überlebenden im Konkurrenzkampf, des Überlebenden im Wahlkampf, das Gefühl des Auserwählten ist der Wahnsinn, der genau auf unsere großen Politiker und Manager zutrifft. Der Sieger wird durch die Medien zum Helden. Schauen Sie sich doch einmal die Heldenposen der Manager an, die Mimik, die Gestik, da weiß man, was los ist.

Es gibt unzählige andere solche Parallelitäten. Canetti spricht von der Naivität der Geschichte, der Naivität der Historiker. Alle Heldentaten werden dem Feldherrn zugeschrieben, und wenn der Feldherr versagte, dann blieben die Soldaten eben als Leichen liegen, auf dem Feld der Ehre, wie es dann hieß.

Bei der Wirtschaft ist es genauso. Der Manager wird hoch gelobt und gefeiert, wenn es in der Wirtschaft gut geht. Was geschieht, wenn der Manager versagt? Dann steht die Mannschaft auf der Straße. Der Manager kriegt eine Abfindung und wird befördert. Ganz interessant ist in dem Zusammenhang folgendes: Sie wissen wahrscheinlich alle, wie wichtig die Hand für Canetti ist: „Bei den Menschen wird die Hand, die nicht mehr losläßt, zum eigentlichen Sinnbild der Macht. (...) Aber ihren eigentlichen Nimbus bezieht sie doch aus dem Griff, jenem zentralen und am höchsten gefeierten Akt der Macht." Management kommt vom lateinischen Manus, und das heißt *die Hand.*

II. Masse und Individuum

Wie steht es nun mit der Masse? Gibt es diese Masse noch, die Canetti der Macht gegenüberstellt? Selbstverständlich gibt es noch Massen: die Zuschauer bei Sportanlässen oder die Teilnehmer an Demonstrationen, Protestmärschen, Streiks, die Zuhörer bei Rock-Konzerten, usw. Sie tragen noch viele Merkmale von Canettis Massen, aber sie sind lokal und zeitlich begrenzt, entstehen oft spontan, verschwinden wirkungslos. Oft verändern sie ihren Charakter grundlegend: aus Begeisterungsmassen entstehen dann Schlägerbanden, aus politischen Demonstrationen Volksfeste mit Wurst und Bier, aus Protestmärschen Erinnerungsfeiern. Wo sind aber einerseits die Massen, die sich hinter die Machthaber stellen könnten? Wo sind andrerseits die Massen, vor denen die sogenannten Mächtigen Angst haben müßten? Aber haben die Ereignisse in den ehemaligen Ostblockstaaten nicht gezeigt, daß auch heute noch durchaus Massen existieren können?

Die Voraussetzungen für Massen waren noch da, es waren klar überschaubare Machtstrukturen, es waren Machthaber da. Ferner gab es die erforderliche Gleichschaltung, ein Gleichheitsgefühl, eben nicht nur in den Paraden und Aufmärschen, sondern im ganzen Leben, vom jungen Pionier bis zum gleichgeschalteten Urlauber an der Ostsee, alles verlief massenhaft. Aber eben jene Mächtigen hatten offensichtlich Canetti nicht gelesen, sonst hätten sie gewußt, wie labil solche Massen sind, und wie gefährlich solche Massen für die

Macht werden können. Es brauchte nur den entsprechenden Leidensdruck und die notwendige Kristallisation, ob das nun die Umweltbewegungen waren, ob es Gorbatschow war – also keine Meute, sondern eine Person –, und schon kam es zur Entladung, zur gemeinsamen Befreiung von Befehlsstacheln, zur *Umkehrungsmasse*, wie Canetti es beschreibt. Die wichtigste Voraussetzung war, daß es keine Vereinzelung gab, sie war kaum möglich, nicht einmal materiell. Was nützt mir viel Geld, wenn ich nichts kaufen kann , wenn ich das Geld nicht vorzeigen kann, nicht demonstrieren kann, wie reich ich bin? Wenn alle den gleichen Wagen fahren, was soll aus dem Sozialprestige werden?

Sind denn nun alle diese Voraussetzungen auch bei uns gegeben? Hat sich denn nicht auch hier in Bezug auf die Massen das System mit seinem Mechanismus und seinen Methoden als stärker erwiesen? Bei Canetti gibt es ein System, auf das er immer und immer wieder geradezu mit Abscheu hinweist. Das ist für ihn das System Kirche, vor allem die katholische Kirche. Und es ist wirklich herzerfrischend, welche Wut Canetti gegen das System Kirche hat, gegen die Macht dieses Systems, und Kirche ist wirklich das typische System. Canetti weist am Beispiel Kirche darauf hin, daß Institutionen ein Leben für sich selber entwickeln, und diese Institutionen fürchten nun die Masse. Institutionen fürchten die Masse ob ihrer Wachstumsdynamik, ihrer Unberechenbarkeiten, ihrer Fluchtgefahr, ihrer Möglichkeit der Umkehrung, der Gefahr ihres Aufstandes. Bezogen auf die Kirche sagt Canetti: „Was sie sich wünschen, ist im Gegensatz (zur Masse) eine folgsame *Herde*.“ Warum spricht denn die Kirche immer von den Gläubigen als Schafe?

Wichtig ist, wie die Kirche nun Masse verhindert. Als erstes durch extreme Autoritätsgläubigkeit. Zweitens durch ständige Angst, gepaart mit dem Versprechen der Erlösung irgendwann in der Zukunft. Drittens tritt an die Stelle des Wachstums der Masse die Wiederholung. Die Gläubigen werden durch gleiche Verrichtungen in bestimmten Räumen zu bestimmten Zeiten in einen gemilderten Massenzustand versetzt, wie Canetti sagt, „der sie beeindruckt, ohne gefährlich zu werden.“ Das vierte und wichtigste Merkmal ist die Vereinzelung durch Entsolidarisierung. Canetti schreibt: „...das alles hat die Kirche schon früh dazu bestimmt, in der offenen Masse ihren Hauptfeind zu sehen und sich auf jede mögliche Weise gegen sie zu stellen. (...) Es hat bis jetzt keinen Staat auf der Erde gegeben, der sich auf so mannigfaltige Weise gegen die Masse zu wehren verstand. An der Kirche gemessen, erscheinen alle Machthaber wie traurige Stümper.“

Canetti bringt als Beispiel der Vereinzelung die Kommunion. Es wäre für uns naheliegend, alle diese Mädchen in Weiß und alle diese Buben in Schwarz, alle mit den gleichen Sträußchen in der Hand und alle mit der gleichen leidenden Demutsmiene, als typische Nachwuchsmasse zu bezeichnen. Aber Canetti sagt wörtlich: „Wer die Reihen derer, die sich zur Kommunion anstellen, betrachtet hat, kann nicht umhin zu bemerken, wie sehr jeder einzelne mit sich allein beschäftigt ist.“

Es ist genau diese Vereinzelung für unser System, für unsere Zivilisation kennzeichnend. Narzißten, Egoisten, Egozentriker können keine Masse bilden. Ein Konkurrenzprinzip erfordert von jedem Menschen, daß er rücksichtslos immer nur nach seinen eigenen Interessen handelt. Wenn ich beginnen würde, auf andere Rücksicht zu nehmen, dann würde das Konkurrenzprinzip nicht mehr funktionieren. Die Hierarchie funktioniert nur dann, wenn sich die Menschen zum Karriereprinzip bekennen, d. h. wenn ich ständig über den anderen stehen will, wenn ich Macht ausüben oder nur einen höheren Sozialstatus haben will. Diese beiden Prinzipien, Konkurrenz und Karriere, müssen zu Egozentrik und Narzißmus führen, müssen Gefühle von Gleichheit, von Solidarität, müssen Massen verhindern. Konkurrenz und Karriere sind zwar die grundlegenden Prinzipien; daneben gibt es unzählige andere Erscheinungen, die in unserer Gesellschaft zu Vereinzelung und zum Gegeneinander führen. Arbeitslosigkeit wird nicht bekämpft, sie ist erwünscht: Arbeitslose bilden keine Masse, Arbeitslosigkeit führt zur Vereinzelung und zur Entsolidarisierung.

Ein anderes Beispiel ist der Einfluß der Medien. Es ist der reine Narzißmus, was uns da geboten wird; Narzißmus auf der einen Seite und Nivellierung auf der anderen Seite. Es können sogar einzelne Sendungen im Fernsehen sein, „Aktenzeichen XY" beispielsweise. Der Nachbar ist ein potentieller Verbrecher, ich muß ihn ständig beargwöhnen. Ist er es nicht gewesen? Oder bei uns der extreme Schnüfflerstaat; 15% aller Bürger in der Schweiz sind in den letzten Jahren von unserer Stasi überwacht worden. Es brauchte relativ wenig Funktionäre, es geschah durch das Denunziantentum, bedingt eben durch dieses Gegeneinander und diese Entsolidarisierung.

Diese Vereinzelung geht Hand in Hand mit einer Erscheinung, für die wir leider einen ähnlichen Ausdruck brauchen wie für die Masse, die aber damit nichts zu tun hat. Es ist die Vermassung, es ist der vermaßte Mensch. Vermassung heißt Nivellierung, Standardisierung, Uniformierung. Der uniforme Mensch will konform sein, sich den vorgegebenen Formen anpassen, er will normal sein, vorgegebenen Normen entsprechen. Er richtet sich nach den gleichen Werten, nach den gleichen Wertmaßstäben, nach den gleichen Lebensinhalten wie alle anderen. Die Vermassung bezieht sich auf die Kriterien, nach denen du beurteilt wirst; auf den Geschmack, nach dem du dich zu richten hast; auf den Lebensstil, der dir vorgegeben wird; auf die Meinung, die du dir zu bilden hast. Der Mensch, der eben nicht selber lebt, nur noch konsumiert, also nicht mehr Musik spielt oder Lieder singt, sondern nur zuhört, der nicht mehr seinen Körper spürt, sondern beim Sport nur zuschaut, der nicht mehr lernt aus Selbsterfahrung, sondern sich sein Wissen einrichten läßt. Sie wissen selber, worum es geht. Da ist wieder einmal ein Zitat von Günther Anders, er sagt völlig zu Recht: „Heute wird nicht einmal mehr konsumiert, das müßte man noch tun, es wird eingeflößt. Es wird genudelt wie beim Gänsestopfen." Maulaufsperren, man hält still und wird vollgestopft. Andere Empfindungen sind gar nicht mehr möglich außer der Empfindung der totalen Übersättigung. Eine Vermassung ist Entpersönlichung, ohne daß eine Masse entsteht.

Masse und Vermassung haben kaum etwas gemeinsam:

1. Genudelte Menschen sind zu keiner Reaktion mehr fähig, außer zu krähen, wenn sie Angst haben, jemand könnte die Nudel wegfressen. Massen sind unheimlich reaktionsfähig.

2. Vermaßte Menschen sind bewußtlos. Massen entwickeln ein eigenes Bewußtsein.

3. Der Mensch in der Masse spürt, daß er ein Teil eines Ganzen, eines Größeren ist. Aber der vermaßte Mensch fühlt sich frei und unabhängig, auch wenn er total ausgeliefert ist.

4. Der Mensch in der Masse hat sinnliche Bezüge, er hat soziale Bezüge zu seiner Umwelt, zu seinen Mitmenschen. Der vermaßte Mensch kennt keinen sozialen Rahmen mehr.

5. Teil einer Masse zu sein macht Sinn. Der vermaßte Mensch handelt, wenn überhaupt, nur noch zweckmäßig, er fragt nicht mehr nach dem Sinn.

6. Masse kennt keine Langeweile, im Gegenteil! Für den vermaßten Menschen ist Langeweile geradezu charakteristisch.

7. Eine Masse kann sich entladen, kann umschlagen, kann zerstörungssüchtig werden, kann ausbrechen, usw. Wie soll ein Brei – und das sind vermaßte Menschen – aktiv werden können?

Es ist faszinierend, wie Canetti gegen alles antritt, was Vermassung möglich macht. Er tritt an gegen die Wissenschaft, gegen die Kopflastigkeit des logischen Denkens, gegen das Leben in Zeit und Zukunft, gegen alle Dressuranstalten wie Erziehung, Schule, Kirche, und schließlich auch gegen den Staat und damit selbstverständlich gegen das Militär. Für ihn sind Soldaten, und vor allem die Offiziere, das Verachtenswerteste schlechthin: „Er geht unter die Soldaten: er will nicht mehr wissen, was geschieht; er will nicht mehr wissen, was er tut." Und dazu die Überschrift: „Die mörderische Uniform". Es gibt ein noch schöneres Zitat: „Er hat den Witz seiner Schlechtigkeit, die Vergeßlichkeit seines Alters, die Beschränktheit seines Geschlechts und die Brutalität seines Berufs: ein großer General."

Daß Canetti Wissenschaft strikt ablehnt, dürfte vielleich auch für „Canettologen" erstaunlich sein. Ganz knappe Zitate:

„Die furchtbarsten Menschen: die alles wissen und es glauben."

„Wissen ist wirklich Macht, aber rasendgewordene und schamlos angebetete Macht." Oder:

„Das Wissen ist Waffe nur für den Mächtigen."

„Wissen will treffen. Es will töten."

Diesem Wissen steht nun das Verstehen, das Begreifen, das Erkennen gegenüber. Lao Tse sagt es wie folgt: „ Die Weisen sind nie die Gelehrten und die Gelehrten sind nie die Weisen." Die Weisen verstehen, sie fühlen, sie nehmen wahr, sie leben mit ihrer ganzen Persönlichkeit. Der Gelehrte meint, der Kopf sei das Entscheidende. Canetti dagegen:

„Alles Falsche entsteht nur, weil man es wissen will." Und er sagt zu sich selber:

„Angst vor der Aristotelisierung meiner Gedanken; vor Einteilungen, Definitionen und ähnlichen leeren Spielereien." Und dann der schöne Satz:

„Der Weise *vergißt* seinen Kopf." Die Sinne sind das Entscheidende:

„Das Ohr, nicht das Hirn, als der Sitz des Geistes." Canetti bezieht sich auf Goethe:

„Atme, betrachte, überdenke." Gefährlich seien die Denker, die nicht genug geatmet haben.

„Die Wahrheit ist ein Meer von Grashalmen, das sich im Winde wiegt; sie will als Bewegung gefühlt, als Atem eingesogen sein." Wunderbar!

So wie er Wissenschaft und das logische Denken als Instrument der Macht einerseits, und der Verdummung oder Vermassung andrerseits entlarvt, so zeigt er eben auch, daß beispielsweise das Prinzip der Erziehung nichts anderes ist als das von ihm in „Masse und Macht" ausführlich dargestellte Prinzip des Befehls. Von klein auf ist man an Befehle gewöhnt, aus ihnen besteht zum guten Teil, was man Erziehung nennt:

„Die Befehlsempfänger, denen am gründlichsten mitgespielt wird, sind Kinder. Daß sie unter der Last von Befehlen nicht zusammenbrechen, daß sie das Treiben ihrer Erzieher überleben, erscheint wie ein Wunder.“

Und was wird einem dann mit diesen Befehlen beigebracht! Ordnung:

„Das Lächerliche an der *Ordnung* ist, daß sie von so wenig abhängt. Ein Haar, buchstäblich ein Haar, das liegt, wo es nicht liegen sollte, kann Ordnung von Unordnung trennen. (...) Es ist etwas Mörderisches in der Ordnung: nichts soll da leben, wo man es nicht erlaubt hat.“

Weg mit all diesen Autoritäten, die mir beibringen wollen, wie ich zu leben habe.

Canetti haßt den Respekt vor irgendetwas:

„Wenn ich sagen müßte, was mir in der Geschichte am allerunheimlichsten ist, so wären es die *Vorbilder*...“ Canetti lehnt nun wirklich strikt alles ab, was Machtinstrument des Systems ist.

Um so erstaunlicher ist es, daß er unsere Zivilisation, die Zivilisation des weißen Mannes, nie in Frage stellt. Warum stellt denn Canetti nicht die Frage, ob das System, das auf dem Recht des Stärkeren, auf dem Prinzip der Hierarchie und des Patriarchats aufgebaut ist, nicht geradezu zu einem Hitler, zu einem Stalin, zur Atombombe führen *mußte*. Es ist doch beispielsweise kaum zu fassen, daß das Problem Patriarchat für Canetti überhaupt nicht zu existieren scheint. Es liegt doch im Prinzip Mann, hart sein zu wollen, stark sein zu müssen, Sieger sein zu wollen. Wenn Canetti sagt: „Das Einzige, was man *nie* sein darf, ist ein Sieger“, dann müßte dies eine Absage ans Prinzip Mann sein. Warum gibt es bei Canetti die Frau nicht? Nur im Rahmen der Doppelmasse, wo der Masse Mann die Masse Frau gegenübersteht, so wie im gleichen Kapitel die Lebenden den Toten gegenüberstehen. Die einzige Aufzeichnung über Frauen, die ich gefunden habe, ist folgende: „Von den Frauen siegt nicht, die nachrennt, nicht, die davonrennt, sondern es siegt, die wartet.“ Ausgerechnet die Frauen wollen Sieger sein? Wollen das sein, was man unter keinen Umständen sein darf? Und wie werden sie Sieger? Natürlich, indem sie ganz brav zu Hause sitzen und warten.

Warum existiert für Canetti das Individuum nicht? Warum existiert der einzelne Mensch in seiner Einmaligkeit nicht? Für ihn gibt es offensichtlich den Menschen nicht, der bereit und fähig ist, eben *nicht* Machthaber werden zu wollen, und auf der anderen Seite aber auch *nicht* ein Teil einer Masse und vor allem nicht vermaßt, nicht zu Brei gemacht werden zu wollen. War er da einfach zu pessimistisch?

Zitat: „Pessimisten sind nicht langweilig, Pessimisten haben recht, Pessimisten sind überflüssig.“ Ist es nicht Schulterzucken: Sie haben zwar recht, deshalb sind sie eigentlich überflüssig, na und?

Dieses Schulterzucken finden wir in vielen Äußerungen von Canetti, wenn es um den einzelnen Menschen geht. Auf der einen Seite doch striktes Bekenntnis zum Individuum Mensch, wenn er sagt:

„Unter den Menschen, die Urteil und Erfahrung haben, hat sich die Überzeugung festgesetzt, daß jeder, daß alles auf irgendeine Weise abnorm ist.“ Das ist ein Bekenntnis zur Individualität des einzelnen Menschen, das ist das Gegenstück zu Erich Fromm, wenn er von der „Pathologie des Normalen“ spricht.

Ein anderes Canetti-Zitat: „Der Wert dieser Erkenntnis liegt im Gefühl für das Einzigartige jedes Menschen.“

Auf der anderen Seite nun aber ein Zitat wie: „Der Mensch hat die Weisheit all seiner Vorfahren zusammengenommen, und seht, welch ein Dummkopf er ist!"

Auf der einen Seite die Ablehnung jenes Führerprinzips: „Der stolzeste Mensch wäre der, der jeden Führer haßt; der selbst vorangeht, ohne das man ihm folgt."

Auf der anderen Seite geradezu resigniert: „Ich habe noch nie von einem Menschen gehört, der die Macht attackiert hat, ohne sie für sich zu wollen."

Auf der einen Seite die Zuversicht: „Ich habe die Macht an der Gurgel gepackt."

Auf der anderen Seite die Resignation:

„Du wirst die Großen nicht um einen Millimeter reduzieren. Du wirst ihnen nicht eines ihrer Opfer entreißen. Sie werden jeden deiner Atemzüge für sich verwenden."

III. Die Angst der Mächtigen

In diesem Zweifel gibt es nur eine Alternative zu den Systemen, zu den Dogmen, zu den Strukturen, zu den Abhängigkeiten, es gibt eben nur eine Alternative zum Prinzip „Macht", das ist der autonome Mensch, der selbstbestimmte Mensch, der selbstsichere, selbstbewußte Mensch, der bereit und fähig und in der Lage ist, selber zu urteilen, selber zu entscheiden, selber zu handeln. Nur davor muß die Macht Angst haben, nur davor müssen Repräsentanten des Systems „Macht" Angst haben: vor den Menschen, die sich dem System entziehen können, die ihr eigenes Leben leben. Genau darum geht es doch heute. Es geht um diese Auseinandersetzung zwischen den Leuten oben, eben den sogenannten Mächtigen, bei uns Repräsentanten der Macht, also denjenigen, die dieses System repräsentieren und die bestimmen wollen, wie wir zu leben haben, und auf der anderen Seite all den Millionen Menschen, die „nein" zu sagen begonnen haben.

Warum lehnt der Papst die Befreiungstheologie ab? Er scheint davor Angst zu haben. Warum lehnen Bischöfe Basisgemeinden in der Kirche ab? Da tut sich was, die lesen ja die Bibel selber! Warum lehnt der Staat, ob er links oder rechts steht, „Freie Schulen", alternative Schulformen bzw. Nicht-Schule ab? Warum lehnt die Wissenschaft die sogenannten concerned scientists, Wissenschaftler mit Verantwortungsbewußtsein, ab? Warum werden Frauenbewegungen von allen Mächtigen abgelehnt? Warum werden Alternativbewegungen, selbstverwaltete Betriebe usw. von der ganzen Wirtschaft abgelehnt? Warum lehnen Top-Manager angepaßte Technologie, sanfte dezentralisierte Technik ab? Warum werden in allen totalitären Strukturen Schriftsteller, Künstler, Liedermacher zuerst verfolgt? Wie kommt ein deutscher Bundeskanzler dazu, solche Menschen als Ratten und Pinscher zu bezeichnen?

Alle diese Erscheinungen wie Befreiungstheologie, Basisgemeinden, Freie Schulen, Alternativbewegungen, sanfte Technologie usw. würden doch nicht derart bekämpft werden, wenn die Mächtigen davor nicht Angst hätten! Sehen Sie, sosehr ich Canetti kritisiert habe, daß er das System an sich eben nicht angreift, daß er das System nicht in aller Offenheit ablehnt und sich in aller Klarheit zur einzig möglichen Alternative, nämlich zur Anarchie, bekennt – Anarchie heißt einfach Fehlen von Fremdbestimmung –, so froh bin ich, daß bei ihm doch eben immer wieder dieser Glaube an den einzelnen Menschen durchschimmert. „Das Hoffnungsvolle an jedem System", sagt er,da „:was von ihm ausgeschlossen bleibt“, also derjenige Mensch, der sich dem System entziehen kann: „Es ist im Nein-Sagen eine ungeheure Kraft und manchmal scheint mir, sie ist so groß, daß man von ihr allein leben könnte.“ Nein zu dem, was dich daran hindert, dein Leben zu leben. „Der freie Mensch ist nur der, der es verstanden hat, Befehlen auszuweichen, und nicht jener, der sich erst nachträglich von ihnen befreit.“ Und wenn dich ein Befehl trotzdem erwischt hat, gibt es nur eines: „Wer der Macht beikommen will, der muß den Befehl ohne Scheu ins Auge fassen und die Mittel finden, ihn seines Stachels zu berauben.“ Das kannst nur du, du ganz allein.

Auf die Frage, warum er keine Fortsetzung von „Masse und Macht“ geschrieben habe, gab sich Canetti die Antwort selber: „Mit der Fortsetzung hättest du dieses Buch durch deine Hoffnungen zerstört. So wie es jetzt ist, zwingst du die Leser dazu, *ihre* Hoffnungen zu suchen.“ Es darf keine Propheten mehr geben, keine Führer, keine Gurus, du mußt *deine* Hoffnung suchen, damit du *dein* Leben leben kannst.

Ein letztes Zitat von Canetti, das sich nun gegen mich richtet: „Du verzeichnest immer wieder, was Gedanken von dir bestätigt. Verzeichne besser, was sie widerlegt und entkräftet.“ Das habe ich leider nicht getan.

Die Autoren

PENKA ANGELOVA, geb. 1950 in Rustschuk, Bulgarien. Studium der Germanistik und Literaturwissenschaft in Sofia und Berlin, Dr. phil.; o. Prof. an der Universität „Kyril i Metodij“, Veliko Tirnovo. Zahlreiche Publikationen.

MICHAEL BENEDIKT, geb. 1928 in Wien. Dr. phil., o. Univ. Prof. Studium der Philosophie, Soziologie und Psychologie in Wien, München, Freiburg und St.Paul, Minneapolis. Publikationen u. a.: „Wissen und Glauben“, 1975; „Bestimmende und reflektierende Urteilskraft“, 1981.

RITA BISCHOF, geb. 1948 in Frankfurt. Dr. phil., Univ. Doz. Studium der Soziologie und Vergleichenden Literaturwissenschaft in Frankfurt, Marburg und Berlin. Publikationen u. a.: „Souveränität und Subversion. Georges Batailles Theorie der Moderne“, 1987.

STEFFEN DIETZSCH, geb. 1943 in Chemnitz, Sachsen. Prof. Dr. sc. Studium der Philosophie an der Leipziger Universität. Publikationen u. a.: „Romantischer Dilettantismus“, 1986; „Philosophia redivivus“, 1990.

IRING FETSCHER, geb. 1922 in Marbach am Neckar. Dr. phil., o. Univ. Prof. Studium der Philosophie, Germanistik und Romanistik in Tübingen und Paris. Publikationen u. a.: „Von Marx zur Sowjetideologie“, 1956; „Die Wirksamkeit der Träume“, 1987.

ÉVA KOCZISZKY, geb. 1953 in Budapest. Dr. phil. Studium der ungarischen und klassischen Philologie und Germanistik. Verschiedene Publikationen, u. a. über Hölderlin.

URS MARTI, geb. 1952 in Bern. Dr. phil., Univ. Doz. Studium der Philosophie in Bern und Paris. Publikationen u. a.: „Michel Foucault“, 1988; „Der Plebejer in der Revolte“, 1989.

JOHN PATTILLO-HESS, geb. 1943 in Santiago, Chile. Dr. phil. Studium der Philosophie und Logistik in Santiago und Wien. Publikationen u. a.: „Vom Zerfall der Massen zur Hetzmeute“, 1987.

HANS A. PESTALOZZI, geb. 1929 in Zürich. Studium der Wirtschaftswissenschaften. Ehemaliger Leiter des Duttweiler-Instituts für wirtschaftliche und soziale Forschung. Seit 1979 freier Publizist. Publikationen u. a.: „Die sanfte Verblödung“, 1985; „Auf die Bäume ihr Affen“, 1989.

TIBOR PICHLER, geb. 1949 in Bratislava. Dr. phil. Studium der Philosophie und Geschichte in Bratislava. Publikationen u. a.: „Zu den philosophischen Quellen der anarchischen Auffassung der Wissenschaft“, 1985; „Svätopluk Stúr“, 1989.

BURGHART SCHMIDT, geb. 1942. Dr. phil., Prof. habil. Studium der Biologie, Chemie, Physik, Philosophie, Kunstgeschichte und Soziologie in Tübingen. Publikationen u. a.: „Das Widerstandsargument in der Erkenntnistheorie", Frankfurt 1985; „Postmoderne – Strategien des Vergessens", Darmstadt 1986; „Kritik der reinen Utopie", Stuttgart 1988.

ANTE STAMAC, geb. 1939 in Molat bei Zadar. Dr. phil., o. Univ. Prof. Studium der Germanistik und Literaturwissenschaft in Zagreb, Ljubljana und Wien. Publikationen u. a.: „Kritika ili teorija?", 1984; „Passim", 1989.